MICHELA ALBANESE

COME SCRIVERE UN LIBRO

Tecniche Narrative e Strategie Stilistiche per Ideare, Scrivere e Pubblicare la Tua Opera

Titolo

"COME SCRIVERE UN LIBRO"

Autore

Michela Albanese

Editore

Bruno Editore

Sito internet

http://www.brunoeditore.it

Sommario

Introduzione   pag. 5

Capitolo 1: Come pianificare e strutturare idee e storie   pag. 8

Capitolo 2: Come gestire la strategia della tensione   pag. 26

Capitolo 3: Come costruire mappe ideative/narrative   pag. 47

Capitolo 4: Come fare la revisione del proprio libro   pag. 75

Capitolo 5: Come trovare il proprio editore   pag. 97

Conclusione   pag. 113

Introduzione

Il corso *Come Scrivere un Libro* è un percorso che dalla teoria porta direttamente alla pratica della scrittura di un testo, partendo da un'idea, un sogno, un progetto o semplicemente dal fascino di un'esperienza simile. Grazie a questo corso potrai altresì fare un viaggio intenso e unico nel magico mondo della scrittura, tra ispirazioni, realtà e visioni della mente.

Passo dopo passo, affascinata/o da un gesto tanto ordinario quanto straordinario, indagherai i vari generi letterari, acquisirai tecnica e padronanza di scrittura, conoscerai gli elementi di base delle storie e scoprirai i segreti dell'arte di narrare celati in ognuno di noi, laddove si trovino attitudini e capacità ignorate o silenti, che attendono solo di essere risvegliate. Inoltre, utili suggerimenti e consigli per individuare l'editore giusto per te.

Non fermarti alla scrittura: ambisci alla pubblicazione e a raggiungere i tuoi lettori. Puoi farlo. Non solo tecnica, studio, metodo e conoscenza, dunque, ma anche arte e immersione emozionale in quei pensieri che partono da lontano per giungere e fermarsi proprio lì, sulla carta. *Saranno un'opera. Saranno un libro.*

Il tuo *libro*. Mettiamoci in gioco, allora! Prova a scriverlo tu, quel nuovo libro: che si tratti di un *racconto* (incisivo e interessante) o di un *romanzo* (più ampio e articolato), il bello dello scrivere è l'emozione dell'immergersi in una storia prima, e la soddisfazione di rileggerla e farla leggere dopo. Se stai seguendo questo corso, allora significa che vuoi scrivere e vuoi farlo seriamente.

Hai qualcosa da dire, intendi fare questo viaggio, sai che per riuscire veramente occorre impegnarsi, andare fino in fondo. Forse è una delle sfide più grosse che ti stai accingendo a vivere, a vincere. Con pochi euro e i capitoli di *Come Scrivere un Libro* hai uno strumento in più. La tua *esperienza*, la tua *passione* e il tuo *interesse*, nonché il tuo *estro*, faranno il resto. Il primo passo per scrivere una storia è possedere gli strumenti. Il secondo è emozionarsi all'idea di scrivere. Il terzo, sapere (e decidere) di chi o di che cosa si vuole scrivere. Sei pronta/o per trovare l'idea giusta e trasformarla in pagine indimenticabili?

Buona lettura e buon lavoro!

Michela Albanese

CAPITOLO 1:

Come pianificare e strutturare idee e storie

Tecniche e processi creativi della scrittura

C'è un'importante verità in una citazione di Confucio, ideale per entrare nel vivo del processo di scrittura di un libro: «*Se ascolto dimentico, se vedo ricordo, se faccio capisco*».

In altre parole: solo mettendoti a scrivere il tuo libro potrai sperimentare la differenza, anch'essa reale e concreta, che c'è tra teoria e pratica. E ovviamente racconti, romanzi e storie non si scrivono da sé. Quindi, puoi liberamente prendere carta e penna, oppure aprire un software di videoscrittura, e lasciare traccia di tutto ciò che ti passa per la testa.

Non è importante l'ordine e non preoccuparti se ciò che hai scritto non è ancora corretto, poiché a quello puoi pensare tranquillamente dopo. La narrazione (fatta anche di *sentimenti, creatività* e *ispirazione*) necessita sicuramente anche di una *direzione*; tale direzione la fornisce la tecnica (espositiva, creativa, argomentativa, d'immaginazione, visiva ecc.), che cercheremo di apprendere passo per passo.

Certo! Talvolta tra *talento* e *tecnica* il confine è sottile; ciò accade quando la tecnica è particolarmente fine e originale. Puoi iniziare da uno spunto, da un'idea che hai in mente, ma presto scoprirai un'altra grande verità: che la tua idea ha bisogno di una *struttura*, cioè di essere organizzata e pianificata. Il poeta francese Nicolas Boileau (1636-1711) affermava: «*Prima che a scrivere, impara a pensare*». Con questo egli sicuramente voleva dare importanza all'organizzazione delle idee quando fermentano nella nostra mente e prendono forma sul foglio bianco attraverso scrittura, segni e immagini. Scrivere d'istinto significa, quasi sempre, perdersi (o ritrovarsi) in ciò che si è scritto (e che si continuerà a scrivere).

Occorre, perciò, capacità di articolare nonché di ordinare e predisporre, una narrazione. L'arte di scrivere è riconducibile all'arte antica e nota della *retorica*, ossia l'arte di argomentare e raccontare con efficacia. *Arte* che diviene *tecnica*, anche di composizione del discorso, che può essere scritto oppure orale. Fare retorica significa perciò mettere in pratica cinque azioni essenziali e fondamentali:

- **individuare il tema** (*l'idea narrativa*): quale storia scrivo, quale argomento voglio trattare;

- **sviluppare il proprio stile** (*plasmare la propria firma*): trovare la propria voce, il proprio io narrante! Quello che ci distingue da qualsiasi altro scrittore, autore, narratore;

- **strutturare il discorso** (*l'impianto narrativo*), ossia la tua storia! Ogni racconto e ogni romanzo, come abbiamo detto, hanno una struttura, ed è tale struttura, fatta di vari elementi, che farà della tua storia una bella storia, del tuo libro un buon libro. Anche alle parole occorrono ordine e organizzazione. E tu devi essere in grado di tenere sotto controllo l'impianto strutturale di ciò che scrivi, cioè il tuo sistema narrativo;

- **ricordare** (*forza mnemonica*) la trama, l'intreccio, i vari personaggi, il tema portante che può anche cambiare e strutturarsi in modo diverso man mano che la vicenda ha luogo e la narrazione corre;

- **usare le parole giuste** (*parole che lasciano senza parola*), ossia saper riportare e narrare con validità, catturando e stimolando l'attenzione e la curiosità dei lettori.

Ovviamente la tecnica arida e sterile è fine a se stessa! Non trasmette emozioni né sensazioni, non riempie lo spazio che c'è tra la tecnica e le emozioni. Il lettore vuole sapere, capire, immergersi nella storia raccontata, incontrarne i personaggi e viverne le vicende, vedere i luoghi, affrontare gli imprevisti e gioire delle sorprese, ma anche emozionarsi.

Ogni libro ha la sua struttura, narrativa ed espositiva. In materia di *letteratura* e *scrittura letteraria* un valido aiuto lo danno le *5 W* (la regola classica del giornalismo anglosassone!), che mettono a fuoco, appunto, gli elementi salienti di una storia:

- **chi** (*Who*);
- **che cosa** (*What*);
- **quando** (*When*);
- **dove** (*Where*);
- **perché** (*Why*).

C'è (quasi) tutto: i personaggi, i fatti e gli eventi, il tempo, il luogo, le motivazioni di fondo, dell'autore e dei personaggi.

Volendo applicare tale regola alla scrittura, io ne aggiungerei una sesta: *come*, in che modo accade quello che accade? Il *come* spesso è l'anima della notizia. Il *come* è un po' il cuore della storia.

Come s'intrecciano tra loro gli eventi, come interagiscono i vari personaggi (animati o inanimati che siano), come scorre o si ferma il tempo, come si esplicano tutti i perché, come si giocano il proprio ruolo nella storia i vari luoghi descritti e narrati, come rispondono i personaggi? E i luoghi, gli oggetti, gli animali? Come rispondono il cuore e la mente di chi legge?

Ed ecco ciò che ci dice a tal proposito *Dacia Maraini* in *Amata scrittura*:

«Si comincia con lo scrivere per sé, poi si è presi dalla voglia di far leggere agli altri le proprie idee, i propri sogni. Solo una grazia espressiva particolarmente comunicativa nonché una perizia affabulatoria elaborata nel tempo, può conquistare il lettore. Ma questa si chiama anche tecnica. Non esiste una scrittura senza tecnica. Perfino di un calciatore si dice che usa delle tecniche, che conosce il suo mestiere. Perché solo lo scrittore dovrebbe "andare a braccio", seguire disordinatamente l'istinto e trascurare ogni sapienza, come molti credono? Pensereste di scendere in campo nella Nazionale senza avere elaborato una competenza personale con fatica e disciplina?»

Scrivere può essere la realtà o un semplice sogno. Ma anche i sogni possono essere affinati e filtrati! Persino loro. I sogni del mondo onirico, così come tutti i nostri sogni ad occhi aperti. Certo ci vogliono esercizio, studio e lettura, e anche un po' di confronto non guasta mai. Bisogna trovare la propria tecnica, il metodo ideale per te e usarlo, rifinendolo sempre più. Più sarà perfezionata la tua tecnica personale di scrittura, migliore sarà ciò che andrai a scrivere. Attenzione! La tecnica prevede anche un certo *distacco*. Specie in fase di revisione (di cui parleremo approfonditamente nei prossimi capitoli), quando finalmente potrai scrivere la parola *fine* alla tua fatica letteraria.

SEGRETO n. 1: per scrivere occorre anzitutto un'idea. Prima di usare le parole giuste e catturare i tuoi lettori, devi strutturare il tuo discorso, cioè la tua *storia*.

Ma che cos'è scrivere? Attivare l'immaginazione e le capacità creative, ricreare ambienti e personaggi, descrivere luoghi e rievocare atmosfere, interessare e divertire, catturare l'attenzione, stimolare la fantasia, ricordare (per non dimenticare), emozionare, ri-evocare. Trovare le proprie trame fantastiche e i propri intrecci vividi fuori e dentro di sé, spesso nati e ispirati dalla realtà.

Abbiamo perciò visto come la metodologia di processo creativo di scrittura *passi proprio attraverso gli elementi salienti delle storie*, che spesso, più che essere progettate ad hoc, nascono proprio durante la scrittura, al momento della loro stessa ideazione e creazione. Naturalmente, come dicevamo, senza uno spunto iniziale, l'*idea narrativa*, ti sarà impossibile non solo scrivere qualsiasi storia, ma qualsiasi libro!

Incipit, cuore di vicenda, conflitti e finale
I singoli elementi salienti di una storia vanno abilmente incastrati fra loro. Prima di ottenere l'incastro definitivo potrai individuare i passaggi-chiave attraverso cui iniziare a delineare e tracciare le prime righe della tua storia. Essa esige infatti:
- **un incipit (esordio, parte iniziale)**: le fiabe classiche iniziano

tutte con «*C'era una volta...*» I tuoi lettori di sicuro ne aspettano uno molto più originale e intrigante! Da come un libro comincia spesso dipende il suo futuro, cioè se sarà buttato nel dimenticatoio o riposto lì, tra i libri migliori, i più belli, quelli che ci accompagneranno per tutta la vita. La situazione iniziale della tua storia, contraddistinta da uno stato di calma piatta e pace infinita o, al contrario, da conflitti vivaci, sarà quindi il fatto principale, quello da cui hanno origine le vicende scritte e descritte, con tutti i loro sviluppi. L'incipit narra, altresì, come e perché questo fatto si è verificato, prevedendo talvolta anche un'introduzione. Tale premessa aiuterà i tuoi lettori a concentrare subito la loro attenzione. Orientandosi già dalle prime fasi del racconto, potranno meglio comprendere l'esordio stesso, ulteriormente arricchito da un primo approccio con i vari personaggi (*characters*). Il lettore potrà poi scoprirli pagina dopo pagina, man mano che la vicenda si evolverà, s'intreccerà e si chiarificherà. Una delle tecniche di scrittura dell'incipit è quella nota come *in media res*: giacché il tuo obiettivo primario è catapultare i lettori dentro la storia quando ancora non sanno nulla dei personaggi e di tutte le loro peripezie, l'ideale è proprio partire descrivendo la prima scena nel mezzo di azioni e situazioni, creando così quel particolare contesto di originalità e di mistero di cui ogni inizio efficace necessita;

- **un cuore (situazione centrale)**: un libro veramente interessante è sempre all'altezza delle aspettative dei suoi lettori. La sua parte centrale sarà perciò in grado di chiarire l'incipit (colorandolo di nuove sfumature e significati) e avviarsi al finale, senza svelarlo, ovviamente! È il luogo di conflitti e imprevisti, di cambi di scena, di entrate o di uscite di (nuovi) personaggi. Come parte di raccordo tra la fine e l'inizio della storia, sarà altrettanto ben curato, armonioso e armonico tra ciò che c'è *prima* e ciò che viene *dopo*. Non spezza il libro a metà, né sfilaccia la pazienza dei lettori. Trasmette loro soddisfazione per ciò che hanno appena letto, invitandoli a proseguire con passione la lettura. Un anelito di (altra) scrittura, di curiosità. Di emozioni. Proprio come il cuore, essa pulsa, batte, palpita. Hai presentato e introdotto la situazione iniziale: ora devi complicarla. Interromperla. L'equilibrio iniziale dovrà esser rotto da un certo evento, che è come un timer. Modificato l'inizio, è tempo d'azione: la nuova situazione sfocerà in varie peripezie, di maggiore o minore difficoltà, che segneranno il tempo, fino alla *spannung* (aumento progressivo di tensione prima dell'epilogo) e allo scioglimento finale. Questa complicazione può verificarsi secondo varie modalità, ed è un elemento fondamentale sia della storia che della sua stessa struttura interna;

- **le peripezie (attuazione e sviluppo della vicenda)**: la tua storia non è piatta e lineare, ma si snoda attraverso vari *eventi* e *peripezie*, che porteranno al peggioramento o al miglioramento della situazione iniziale. Tali vicende sono gli eventi collettivi che, interagendo con l'esordio, situazione in cui agisce e si muove il protagonista, non possono avere altro effetto che quello di modificarlo, dando così luogo all'intreccio della storia, nella sua totalità. Man mano che le peripezie avanzano con il protagonista, la vicenda raggiunge nuovi punti e nodi di sviluppo, toccando punte di suspense e pathos alternate. Se vuoi far entrare (o uscire) di scena qualche personaggio, è qui che devi farlo accadere: il protagonista ha un obiettivo da raggiungere; questi personaggi saranno suoi *aiutanti* o *oppositori*, aiutandolo o ostacolandolo. Sarai tu a decidere il loro ruolo nella vita del tuo eroe (o della tua eroina);

- **un finale (scioglimento finale, fine, parte finale del racconto, epilogo)**: dimenticati l'unico finale che oggi non si può più usare: *e vissero felici e contenti*. I tuoi lettori possono scegliere tra milioni di libri, e l'epilogo di un bel libro deve esserlo veramente. Chiaro, risolutivo e soddisfacente. Finito il libro, è bene che ogni nodo venuto al pettine risulti sciolto. *La fine del tuo libro non può essere la fine di ogni rapporto dei tuoi lettori con te o con altri autori e scrittori!*

Il finale sarà l'ultimo atto della tua storia. Ha *carattere risolutivo* e *conclusivo* al contempo, essendo determinato dallo scioglimento stesso. È l'ago della bilancia giacché il racconto è altresì un complesso sistema di equilibri. Sarà la parola *fine* a decidere dell'equilibrio finale. Come conclusione della vicenda narrata, esso può risolversi in tre modi principali:

- *lieto fine* (senso positivo);
- *finale tragico* (finale più o meno classico, con la morte del protagonista, *eroina o eroe*);
- *finale aperto* (quello che permette molteplici chiavi di lettura, date dalla libera interpretazione dei lettori; conclude la vicenda, ma senza privarla a priori di altri possibili sviluppi).

Il *lieto fine* e quello *tragico* rientrano nel tipo di finale chiuso, ossia *compiuto*, privo perciò di ulteriori sviluppi. Tu decidi, e i tuoi lettori non potranno far altro che accettare ciò che hai scelto per i tuoi personaggi e, di conseguenza, anche per loro, giacché ogni lettore s'identifica nel suo personaggio preferito. In questo tipo di finale la situazione iniziale, stravolta a tappe progressive, è alla fine ristabilita e riordinata, con due opzioni principali:

- il miglioramento del contesto di partenza dei personaggi, tramite l'evolversi dei fatti;
- il ripristino della normalità, chiara e semplice nel suo attuarsi.

La scelta del finale non si esaurisce però qui: in base al punto in cui la storia raggiunge il proprio *climax*, puoi cimentarti con l'*epilogo lineare* (il climax della storia si compie a grande distanza dall'inizio delle vicende scritte e narrate; ovviamente in tal caso la situazione in cui vivono i personaggi è completamente diversa da quella del passato, cioè di partenza) o l'*epilogo circolare* (il climax della storia, compiendosi, riporta la storia quasi su se stessa, come in un cerchio; in tal caso la situazione in cui vivono i personaggi è simile a quella dell'inizio, di cui richiama alcune caratteristiche. C'è perciò un forte legame o similitudine con l'esordio stesso).

Ricordati che l'epilogo può anche essere occasione ideale per i tuoi commenti e/o riflessioni, ovviamente funzionali sia alla storia che all'epilogo stesso. Non va mai trascurato, né sottovalutato: sarà proprio tale elemento, fra tutti gli altri, a dare un preciso senso finale alle tue storie. Voglio svelarti un piccolo segreto: incipit, situazione centrale, peripezie ed epilogo costituiscono, di fatto, la struttura narrativa di tutti quei racconti e quei romanzi che avrai già letto, o che devi ancora leggere. Questi elementi sono essenziali, e sono sia *elementi tecnici* che *momenti della narrazione*.

SEGRETO n. 2: ogni storia deve avere un incipit efficace, che attiri il lettore dentro la storia quando ancora non sa niente del suo svolgimento, e un finale adatto. Se sbagli l'incipit, sbagli la storia; se sbagli il finale, sbagli il libro.

Trama e intreccio
La trama di un'opera letteraria è quell'insieme di eventi (e di conflitti e capovolgimenti di situazioni) che tu stesso tesserai,

intrecciandoli fra loro secondo un preciso ordine di concatenazione, arricchendoli e completandoli anche tramite gli altri due fattori-base della narrazione, il *tempo* e lo *spazio*. È attorno a tale insieme di vicende che la stessa opera letteraria si sviluppa. Oltre che d'*intreccio* avrai sentito parlare anche di *fabula*. Chiariamo subito, giacché entrambi i termini si riferiscono all'ordine in cui narrerai le vicende – relativamente all'ordine temporale di svolgimento: se le narri rispettando il loro ordine cronologico di svolgimento avrai la fabula; il modo in cui i fatti raccontati vengono disposti dal narratore, spesso alterando l'ordine cronologico della *fabula*, è invece l'intreccio.

L'intreccio ti dà la possibilità di cimentarti e affinarti con tecniche come *analessi* (il classico *flashback* dei film; il racconto di eventi già passati, successi precedentemente – quali memorie, ricordi, esperienze trascorse) e *prolessi* (o prolepsi, l'anticipazione di *eventi futuri*, che devono ancora avvenire, il così detto *flashforward*). I tipi d'intreccio sono principalmente tre, diversi e distinti in base alla presenza di una o più storie raccontate e del modo di farlo:

- intreccio *lineare*: una sola storia raccontata (quella del protagonista);

- intreccio *a incastro*: una storia principale più altre di minore importanza;
- intreccio *a storie parallele*: varie storie assieme, con fasi alterne di narrazione.

Nell'ordinaria pratica di scrittura con *intreccio* s'intende semplicemente l'ordine con cui, di fatto, si narra la propria vicenda. Decisa la struttura narrativa delle tue storie, è essenziale tenere presente un ulteriore elemento: la *coerenza*. Fra ambientazione, personaggi e trama non puoi cadere proprio sulla mancanza di coerenza tra l'inizio, lo sviluppo e la fine della storia!

SEGRETO n. 3: la trama della tua storia deve essere logica e priva di contraddizioni! Senza coerenza i tuoi lettori chiuderanno i tuoi libri e tu non avrai raggiunto il tuo obiettivo.

Spazio e tempo

Come puoi verificare tu stesso leggendo un racconto, gli altri due fattori che incidono fortemente su ogni storia, integrandola e completandola, sono lo *spazio* e il *tempo*:

- **lo spazio:** la tua storia necessita oltre che dei personaggi, delle vicende da te prescelte e di una dimensione temporale, anche di *un luogo*. Quello di svolgimento della tua storia, dove tutto accade, fino all'epilogo risolutivo delle sue vicende;

- **il tempo:** collocare la tua storia nel tempo significa tanto scandire lo svilupparsi e l'evolversi della vicenda narrata quanto scandirne il ritmo e la tensione. Ricordati: il tempo stesso può farsi protagonista o co-protagonista. Pensa ai viaggi nel tempo, o al ruolo che in una singola vicenda hanno presente, passato e futuro. Il tempo nella scrittura può assumere vari aspetti e scavarsi il proprio ruolo, anche in base alla sua interazione con altri elementi della struttura narrativa. Scoprirai così, oltre a due *tipologie di tempo*, anche il *tempo della narrazione* e *quello del discorso*.

SEGRETO n. 4: altri due elementi importanti delle storie sono il tempo e lo spazio. Individua e dai il giusto tempo e luogo alla tua storia.

Le due tipologie di tempo

Il tempo, relativamente alla vicenda scritta e narrata, si suddivide in *tempo interno* (la durata della singola vicenda, regola e scandisce i diversi elementi atmosferici dell'ambientazione) e *tempo esterno* (il periodo in cui ha luogo ed è ambientata la vicenda, incide e influisce su tutti gli elementi della storia).

Il tempo della narrazione

Spesso il tempo della narrazione è ridotto rispetto a quello reale. Mentre leggi, per esempio, potresti trovar narrato un anno in una riga sola, o l'eternità dei secoli e dei millenni. Avvenimenti accaduti in pochi secondi, ore, minuti, giorni, settimane, mesi o anni nella narrazione si trasfigurano nel corpo di una sola pagina. O di poche righe e ancor meno pagine. È possibile che tempi della storia e tempi della narrazione non abbiano la medesima successione; come hai già visto, quando non c'è perfetta coincidenza tra questi due tempi, si ha la distinzione tra fabula e intreccio.

Il tempo del discorso

Anche il tempo del racconto ha effetto immediato e incisivo sulla storia e sulla sua economia nonché sui suoi stessi elementi. Considera che mentre i riassunti riducono i tempi del racconto, abbreviandoli, riflessioni e descrizioni, invece, li rallentano, sfumandoli. Presta particolare attenzione ai dialoghi, in cui *tempo narrativo* e *tempo reale* coincidono alla perfezione.

SEGRETO n. 5: la scrittura ha il potere di modificare il tempo! Mille anni e perfino l'eternità possono essere racchiusi in una sola frase. Nella narrazione molti eventi si possono infatti trasfigurare nel corpo anche di una sola pagina o in poche righe.

RIEPILOGO DEL CAPITOLO 1:

- SEGRETO n. 1: Per scrivere occorre innanzitutto un'idea. Prima di usare le parole giuste e catturare i tuoi lettori, devi strutturare il tuo discorso, cioè la tua *storia*.

- SEGRETO n. 2: Ogni storia deve avere un incipit efficace, che attiri il lettore dentro la storia quando ancora non sa niente della storia, e un finale adatto. Se sbagli l'incipit, sbagli la storia; se sbagli il finale, sbagli il libro.

- SEGRETO n. 3: La trama della tua storia deve essere logica e priva di contraddizioni! Senza coerenza i tuoi lettori chiuderanno i tuoi libri e tu non avrai raggiunto il tuo obiettivo.

- SEGRETO n. 4: Altri due elementi importanti delle storie sono il tempo e lo spazio. Individua e dai il giusto tempo e luogo alla tua storia.

- SEGRETO n. 5: La scrittura ha il potere di modificare il tempo! Mille anni e perfino l'eternità possono essere racchiusi in una sola frase. Nella narrazione molti eventi si possono infatti trasfigurare nel corpo anche di una sola pagina o in poche righe.

CAPITOLO 2:

Come gestire la strategia della tensione

I tuoi lettori vogliono leggere il tuo libro tutto d'un fiato, dall'inizio alla fine. Perché ciò accada, devi aver scritto se non un best seller, almeno un buon libro. Esso è anche il risultato della *strategia della tensione*, che ha il suo ruolo nella scrittura di un libro. Impara quindi a usarla bene, e tale strategia diverrà il tuo magico alleato!

Saper *catturare* il lettore

Una *bella storia* fa un *bel libro*. Ma da sola non basta: puoi proporre la vicenda più bella, puoi averla scritta con lo stile più ardito o con quello più raffinato, puoi utilizzare le tecniche più nuove e perciò innovative, ma se non catturi i tuoi lettori vuol dire che quella storia non è valida. *Non funziona!* La storia che funziona è quella che ti coinvolge con una trama densa d'intrigo e di azione, di mistero velato, quella in cui non avverti pause mentre la narrazione instancabilmente segue il suo ritmo vertiginoso, facendoti vivere il battito estremo dell'eternità. *Intrigo, azione* e *mistero* nonché *ritmo vertiginoso*, questi sono alcuni degli elementi che possono catturare i tuoi lettori, tutti volti alla strategia della tensione. Anche punto di vista e stile (del discorso, del dialogo, della narrazione) diventano suoi efficaci strumenti. Vediamo come.

SEGRETO n. 6: la strategia della tensione ha un ruolo importante nella scrittura di un libro, poiché anche da essa dipende il risultato finale dell'opera. *Intrigo, azione, mistero* e *ritmo vertiginoso* riguardano la strategia della tensione.

Il **ritmo** (*narrativo/emotivo*) varia a seconda del **punto di vista** (*la focalizzazione*), che quindi inciderà anche sui fatti da te presentati, narrati, descritti e motivati. Tre i principali tipi di focalizzazione:

- **focalizzazione zero**: il punto di vista è quello di un narratore (scrittore e autore) onnisciente, che tutto sa e tutto comprende: conosce la vicenda fin nei minimi particolari, legge il pensiero e l'animo dei personaggi e osserva tutto e tutti dall'alto. Narra quindi i fatti dal suo punto di vista onnicomprensivo. Un esempio è Alessandro Manzoni ne *I Promessi Sposi*;

- **focalizzazione interna**: il punto di vista del narratore e del personaggio è perfettamente coincidente al punto e allo status di giudizio della vicenda narrata e dei fatti (de)scritti. Vi è uno o più personaggi, che osserva i fatti e li giudica dall'interno dell'ambiente rappresentato e descritto: il proprio. *Singolo personaggio > focalizzazione interna fissa* (punto di vista unico e solo); *diversi personaggi > focalizzazione interna multipla* (molteplici e diversi punti di vista, tanti quanti sono i personaggi che scrutano e giudicano). L'esempio ideale è Italo Svevo e i suoi romanzi;

- **focalizzazione esterna**: vi è un punto di vista oggettivo, assoluto e indiscusso. Il narratore qui è solo un testimone, che scruta e indaga i fatti dall'esterno: sa meno di quanto sappia ogni personaggio. Degli esempi vengono dai romanzi gialli, d'avventura e dal verismo.

Come vedi, *narratore* e *punto di vista* sono collegati. Per lo stile, un *narratore interno* (vicende raccontate dalle parole di uno dei personaggi, protagonista o testimone) userà la prima persona (prima persona = vicinanza e pathos emotivo > *elementi e nodi cruciali di strategia della tensione*), mentre un *narratore esterno* (vicende impersonali, assente un personaggio che impersoni o abbia relazione con il narratore) la terza (terza persona = distacco e lontananza > *anch'essi elementi e nodi cruciali di strategia della tensione*).

SEGRETO n. 7: il punto di vista è collegato con il narratore, il quale, per sviluppare uno stile ottimale, userà la prima persona (*narratore interno*) per la vicinanza e il pathos emotivo, e la terza (*narratore esterno*) per il distacco e la lontananza.

Per scrivere di certo usi un certo tipo di linguaggio (in base alla storia raccontata, ma anche al suo genere, all'ambientazione, al tempo narrativo ecc.), che presto diverrà anche il tuo stile. Come abbiamo già detto, *scrivere* equivale a *narrare* e *descrivere*, cioè a comunicare un'idea, un messaggio, un'intera vita vissuta fra le pagine di un libro (tuo o altrui). Il linguaggio è il tuo strumento comunicativo, il ponte fra te e i tuoi lettori: ti riconosceranno, ti apprezzeranno e ti leggeranno proprio grazie al tuo stile.

Il tipo di linguaggio che usi avrà un effetto immediato sui tuoi scritti, e perciò sui loro *destinatari*, i tuoi lettori. Essenziale per rendere vivida e motivante la narrazione, peculiarità essenziale delle opere di narrativa, lo *stile* fa capo ai termini, uno dei congegni più potenti (e delicati) che hai. Con la *parola (scritta)*, ossia con *nomi, aggettivi, preposizioni, verbi* e *avverbi,* che userai intrecciandoli e coniugandoli con coerenza e armonia, puoi rendere la tua scrittura non solo personale ma anche più ricca e raffinata.

Gli *elementi connotativi e denotativi* (di frasi, descrizioni e parole) coloriranno adeguatamente la tua narrazione, conferendole sia *stile* che *realismo* nonché, anch'essa importante, una percezione ideale degli eventi e delle scene da te scritti, narrati e descritti ai tuoi lettori. Infine, l'*eleganza* regnerà sovrana grazie a già noti artifici letterari e linguistici: le classiche metafore e similitudini, che potrai distribuire sempre nella giusta misura. L'appropriata terminologia, così come i vari strumenti linguistici e lessicali, assieme all'immaginazione e alla fantasia, ti porteranno a *scrivere con stile*, e quindi a dare vita a una *narrazione di stile.*

SEGRETO n. 8: il ponte fra lo scrittore e il lettore è il linguaggio, ed è grazie al suo *stile* che i lettori potranno riconoscere l'autore, apprezzando e amando i suoi scritti.

La forza dei personaggi

La forza della tua storia è anche la forza dei tuoi personaggi, uno degli elementi portanti della narrativa. Il mondo dei personaggi sarà il tuo mondo (e viceversa), le loro idee le tue, i loro sogni i tuoi. Anche i loro pensieri saranno i tuoi pensieri, così come gli incubi, le aspettative, la gioia. Devi capire i tuoi personaggi prima di conoscerli nei minimi dettagli. Poi potrai descriverli, farli dialogare, agire, camminare, nuotare, vivere ed esistere. Un personaggio è uno strumento, ma anche un potere sui libri e sulle storie scritte.

Tipologia e funzione dei personaggi

Scrivi la tua storia, e metti in scena il tuo spettacolo: i personaggi, di varia tipologia, ne sono gli attori. Pensano, parlano, si muovono, agiscono e interagiscono sulla scena come uomini, rivelando tutto il proprio mondo. L'importanza prestabilita del personaggio ne sancisce l'appartenenza alla *tipologia* (principali/secondari) e il ruolo che gli farai avere all'interno della vicenda:

- **protagonista**: è il *personaggio principale* attorno cui ruota tutta l'azione narrativa (è il/la regista della situazione: azioni e reazioni);

- **antagonista/oppositore**: è il *personaggio che ostacola* e/o combatte il/la protagonista;

- **oggetto della contesa**: è lo *scopo* e *movente* del/della protagonista e di tutte le sue gesta;

- **aiutante**: è *il personaggio che aiuta* il/la protagonista o l'antagonista, agendo in suo favore; elemento decisivo della bilancia: da quest'ultimo dipende la vittoria, o la più tremenda delle sconfitte;

- **la/il destinataria/o**: *è* colui/colei che *trarrà giovamento* dall'oggetto voluto e (ri)cercato.

Tecniche di descrizione dei personaggi

Due le tecniche più note di descrizione del tuo personaggio e dei suoi tratti caratteristici: descrizione a ritratto (mostra e pone l'accento su quei caratteri principali del personaggio che lo caratterizzano quali l'*aspetto fisico,* l'*atteggiamento,* il *comportamento,* i *pensieri,* le *idee,* il *linguaggio* ecc.) e descrizione analitica (mette in primo piano dati quali *nome e cognome, luogo e data di nascita* ecc.). Proponi un certo tipo di rappresentazione del personaggio e ne farai un certo tipo di personaggio, più o meno caratterizzato. Le *caratterizzazioni* classiche sono due:

- **personaggi ben articolati**: spiccata personalità, primo tratto caratterizzante, da arricchire e modificare nell'evolversi delle vicende, frutto di una rappresentazione ampia e larga, ben costruita e modellata.

- **personaggi piatti**: rappresentazione povera di caratteri e tratti distintivi, per lo più invariabili, i cosiddetti *personaggi a stereotipo fisso*: la strega cattiva e la fata delle favole, l'orco, l'angelo, il diavoletto ecc.

Quattro le **tecniche di rappresentazione** più utilizzate, in base al modo di svelarsi e rivelarsi dei personaggi. Potrai perciò già scegliere, in parte, che tipo di caratterizzazione dare loro, puntando principalmente su: *ciò che pensa e dice il tuo personaggio* (rappresentazione a stile libero); *ciò di cui parla il tuo personaggio* (rappresentazione con dialogo, a scelta indiretto o diretto); *ciò che pensa dentro di sé il tuo personaggio,* ossia il suo pensiero, trascritto e descritto così come si forma nella sua stessa mente (rappresentazione a monologo interiore, riportato in modo fedele, chiaro e coerente); *l'interiorità e il mondo interiore del tuo personaggio,* ossia non tanto il suo pensiero quanto l'evolversi del suo pensiero nell'incessante flusso di sensazioni e di emozioni (rappresentazione con flusso di coscienza).

SEGRETO n. 9: la *forza dei personaggi* determina anche la *forza della storia*, rimanendo, infatti, uno degli elementi portanti della narrativa.

Parlando di *personaggi* (e delle loro varie *caratteristiche*), lo strumento ideale per non perderti nel loro mondo, fatto di mille dettagli, sarà di certo un elenco dei personaggi, da integrare e completare con una specifica scheda per ognuno. Vi inserirai, oltre al nome del personaggio, la descrizione fisica, tutti i suoi tratti, le sue motivazioni nonché il suo passato.

Nella figura che segue, un esempio che puoi stampare e usare per ciascun personaggio della tua storia.

SCHEDA PERSONAGGIO	
Nome personaggio: _	
Descrizione fisica	
Età: Capelli: Altezza:	Segni particolari: Occhi: Volto/Viso:
Tratti del personaggio	
Tratti distintivi del personaggio:	Principale funzione del personaggio: *Protagonista/antagonista/miglior amico/confidente/partner/catalizzatore/ mentore/spalla comica/aiutante o oppositore del protagonista e/o dell'antagonista/altro…*
Motivazioni	
Missione del personaggio:	Qual è il piano per raggiungere l'obiettivo:
Passato del personaggio	
Passato familiare: Educazione: Gusti:	Abitudini e difetti: Personalità (e/o carattere): Altro:

Figura 01 - Esempio di Scheda di Personaggio della storia

Tensione narrativa e tensione emotiva

Di certo ti chiederai come muoverti tra *suspense* e *strategia della tensione*. L'arte della tensione (con il suo modus operandi) ti è indispensabile per catturare i lettori. Conflittualità, sorpresa e suspense sono gli elementi base di tale strategia, che genererà curiosità. Incuriosisci i tuoi lettori, ed essi avranno sempre più attenzione per i tuoi scritti! Per te che scrivi, quest'arte si traduce nella capacità di allentare o alimentare la tensione, sia quella *emotiva* sia quella *narrativa*.

Dovrai rispettare il tessuto narrativo nei suoi step d'incipit e ambientazione (svilupparsi della vicenda), peripezie (susseguirsi della vicenda), apice dell'intreccio e finale, modulando in modo ottimale la tensione dall'inizio alla fine della storia, accelerando o rallentando così il *ritmo della trama*, che diviene anche *ritmo della tensione stessa* (con picchi bassi, medi, medio alti e infine alti). Tensione = conflittualità, *elementi* e quindi *eventi tensivi*. Non puoi tenere il tuo lettore sempre sul "chi vive", né annoiarlo o fargli venire sonno: devi modulare la sua attenzione, e devi farlo progressivamente.

La curiosità gioca un ruolo importante: *devi far succedere qualcosa*. Anzi: devi far sì che egli sappia che sta per succedere qualcosa, ma senza svelargli *che cosa* (o quando, dove, a chi o perché). Devi suscitare in lui questa *sensazione*, anzi, questa certezza. Non è detto che l'evento conflittuale sia solo uno, giacché ogni storia è un insieme di peripezie, e tali peripezie necessitano di conflitti diversi e di vario livello che, intrecciandosi a quello dell'esordio, dotano la vicenda di *tensione*, arricchendola perciò anche d'*intensità*.

Utilizza con coerenza e giusto equilibrio durata, intensità e frequenza dei vari elementi tensivi se vuoi appassionare i tuoi lettori: la sfida non è solo *scrivere un libro*, ma scriverlo così bene da impedire al lettore di smettere di leggerlo! Il *climax* ti aiuterà. *Climax = nodo cruciale*, ossia l'attimo di massima tensione (anche *espressiva*), quell'istante intenso e semplice che, emozionando i tuoi lettori, li coinvolga completamente, dalla punta della testa alla punta dei piedi.

Anche il climax va modulato: puoi inserirne più di uno, ma sempre nel giusto crescendo, quello che sappia dosare al meglio emozioni e sensazioni del lettore, facendolo viaggiare con sé. Climax egualmente intensi sono inutili, giacché la sua forza è tutta lì, nell'intensità. E l'intensità, per sua natura, necessita di gradazioni e di livelli. Di solito il climax fondamentale, d'intensità massima, è l'ultimo, quello subito prima della parola *fine*. Quando scrivi, pensa sempre di dover porre i tuoi scritti d'innanzi a un lettore modello!

Non ti servono lettori ansiosi di finire storia e libro, né quelli che li lascino a metà: ti servono *lettori affezionati,* e un lettore è affezionato quando non è deluso, né sono deluse le sue aspettative sulla tua storia e sulla tua scrittura. Hai visto la conflittualità, vediamo ora gli altri due elementi-chiave della strategia della tensione, sorpresa e suspense. Potrebbero sembrarti equivalenti, ma non lo sono. Puoi anche non usarli assieme, ma è bene che almeno uno dei due sia presente, perché la nuova tecnica qui trattata abbia l'effetto che ti aspetti.

Sorpresa = **evento inatteso,** positivo o negativo, caratterizzato dal fattore di non-immaginabilità: lettore e personaggio direttamente implicato, infatti, non hanno possibilità di poter supporre o immaginare il verificarsi di un simile evento. *Suspense* = **tecnica del colpo di scena**, cioè un fatto, negativo, che molto presto accadrà al personaggio designato di cui i tuoi lettori sono (e devono essere) a conoscenza. Qui il lettore sa che accadrà qualcosa, ma il personaggio no! Realizzi la suspense creando l'attesa nel lettore. Consapevole di eventi possibili, anzi probabili, resta col fiato in gola. Sa che *qualcosa* (e *qualcosa di brutto*) accadrà, ma continua a chiedersi: «Che cosa? Quando?»

Anche *sorpresa* e *suspense* ti permetteranno di fare pratica con l'arte della *tensione emotiva e narrativa*, giacché dovrai sempre e comunque interagire con sensazioni, sentimenti ed emozioni dei tuoi lettori (oltre che dei tuoi *characters*), alimentando con maestria le situazioni da te immaginate, scritte e descritte.

Tenerli avvinti alla storia o a *una data situazione,* con il ritmo scandito da un colpo di scena (cuore in gola e attesa massima) o dalla sorpresa (fatti che nessuno immagina possano accadere fino a quella riga), e tu regista di ogni azione e reazione, dentro il libro (*eventi* e *personaggi*) e fuori dal libro (*ogni tuo singolo lettore*)!

SEGRETO n. 10: per generare una buona tensione narrativa ed emotiva occorre rispettare il tessuto narrativo nello svilupparsi della vicenda, gestendo bene l'apice dell'intreccio finale e progressivamente modulando in modo ottimale la tensione dall'inizio alla fine della storia.

Atmosfere, sensazioni ed emozioni

La lettura ideale è quella che i tuoi lettori trovano gradevole e motivante, quella che ti lascia senza parole. Vogliono essere coinvolti dalla storia, rapiti, con coerenza, emozione e stupore, dal tuo libro, dalla prima pagina all'ultima. Tra gli elementi per ciò indispensabili vi è l'*atmosfera*, sicuramente accompagnata e arricchita da *sensazioni* ed *emozioni* che i vari personaggi, e il tuo pubblico con loro, vivranno man mano che la vicenda si snoda fino al suo punto cruciale. L'atmosfera può suscitare, evocare e rievocare emozioni e sensazioni, ma anche emozioni e sensazioni possono caratterizzare luoghi, ambienti, situazioni e personaggi tramite l'atmosfera (*clima psicologico*).

Un personaggio può essere infatti, dotato e/o circondato da un alone particolare di mistero, di positività o negatività, di serenità, d'inquietudine, che nell'economia della storia diviene quindi suo elemento caratteristico e caratterizzante. Per i luoghi, gli strumenti più utili per costruire le atmosfere più adatte sono *aggettivi*, *dettagli* e *colori* nonché i *sentimenti*, i *pensieri* e le *parole* (dirette o indirette) degli eventuali personaggi presenti. Il tutto dosato con arte e maestria. Meglio essere più sintetici che ridondanti!

Le descrizioni d'atmosfera renderanno le tue storie più emozionanti, agendo così sia sulla strategia della tensione che sull'impatto finale sul lettore. Anche il tempo (*meteorologico, del racconto, verbale*) e lo stesso ritmo narrativo contribuiscono a *creare atmosfera*, rivelando ulteriori dettagli.

Per meglio comprendere la magia di scrivere di atmosfere, sensazioni ed emozioni, non solo descrivendole ma facendole vedere e sentire ai tuoi lettori, puoi riascoltare un classico della musica italiana: il cantautore Lucio Battisti, con le sue *Innocenti evasioni*.

Generi Letterari

Elementi come la forza di un personaggio, la strategia della tensione e l'atmosfera cambiano in base al contesto, ossia con il tipo di storia che pensi di raccontare. È lei, soggetto e oggetto di narrazione, verosimile e perciò reale oppure inventata e quindi fantastica, che porta a fare una classificazione della tipologia dell'opera. Tanti sono i *racconti* che puoi sviluppare (autobiografici, realisti, fantastici, solo per citarne alcuni). Vari, altresì, sono i tipi di *romanzo* che puoi leggere, analizzare e scrivere.

A seconda della forma narrativa prescelta e del contenuto, è possibile classificare i testi letterari in vari generi, ognuno con le sue caratteristiche peculiari. Vediamoli:

- **narrativo**: molto vasto e nutrito, raccoglie la prosa romanzesca così come la poesia epica. Rientrano in esso: la narrativa d'immaginazione (racconto, fiaba, favola e novella) il romanzo (d'amore, d'avventura, neorealista, storico, di formazione, psicologico, poliziesco o giallo, horror/noir, fantastico, fantascientifico ecc.), la narrativa storica (biografia, autobiografia e diario; epigrafe; cronaca, annali e commentari) e la narrativa epica (poema epico, poemetto, cantica e ballata moderna , o novella in versi);

- **drammatico**: destinato alla rappresentazione scenica, esso raccoglie: commedia, dramma, melodramma, tragedia e rappresentazione sacra;

- **didascalico**: dagli ampi contenuti, con vari linguaggi e toni, vi appartengono tutti quei testi, in prosa o in poesia, volti all'ammaestramento di natura etica, morale, scientifica, filosofica, dottrinaria ecc. Vi rientrano: opere di saggistica (saggi a tema letterario, scientifico, filosofico, medico ecc.) e trattati; relazioni, recensioni e articoli di qualsiasi tematica; la favolistica (favole in prosa o in versi con fine morale, con protagonista il mondo animale); poemi di vario genere (dal poema didattico a quello didascalico a quello didattico-allegorico) e dialoghi;

- **lirico**: raccoglie tutte quelle forme d'espressione poetica del sentimento dello scrittore. La poesia lirica è veramente ampia: intimistica, celebrativa, paesaggistica, amorosa, elegiaca, filosofica, politica, burlesca, satirica, religiosa, allegorica e simbolica, tocca tutti i campi, e comprende: ballate e canzoni; elegie e inni; sonetti e odi; epigrammi e satira; stornelli, madrigali e serventesi.

La classificazione qui illustrata non è ovviamente l'unica possibile, giacché si tratta di una *convenzione* dalle soluzioni piuttosto ampie, volta *in primis* allo studio e alla sua semplificazione.

Nel fare simili operazioni tra i vari fattori considerati rientrano solitamente sia la *forma dei testi* che il loro *contenuto*, considerati in coppia o anche singolarmente. Tipico esempio è il *romanzo,* che pur rientrando (per la classificazione qui proposta e illustrata) nel genere narrativo, si sviluppa, com'è evidente e più che noto, in molteplici altri sottogeneri (*romanzo rosa, romanzo giallo, romanzo di SF ecc.*).

RIEPILOGO DEL CAPITOLO 2:

- SEGRETO n. 6: La strategia della tensione ha un ruolo importante nella scrittura di un libro, poiché anche da essa dipende il risultato finale dell'opera. *Intrigo, azione, mistero* e *ritmo vertiginoso* riguardano la strategia della tensione.

- SEGRETO n. 7: Il punto di vista è collegato con il narratore, il quale, per sviluppare uno stile ottimale, userà la prima persona (*narratore interno*) per la vicinanza e il pathos emotivo, e la terza (*narratore esterno*) per il distacco e la lontananza.

- SEGRETO n. 8: Il ponte fra lo scrittore e il lettore è il linguaggio, ed è grazie al suo *stile* che i lettori potranno riconoscere l'autore, apprezzando e amando i suoi scritti.

- SEGRETO n. 9: La *forza dei personaggi* determina anche la *forza della storia*, rimanendo infatti uno degli elementi portanti della narrativa.

- SEGRETO n. 10: Per generare una buona tensione narrativa ed emotiva occorre rispettare il tessuto narrativo nello svilupparsi della vicenda, gestendo bene l'apice dell'intreccio finale e progressivamente modulando in modo ottimale la tensione dall'inizio alla fine della storia.

CAPITOLO 3:

Come costruire mappe ideative/narrative

Si narra scrivendo, ma si narra anche parlando. E c'è una bella differenza fra racconto scritto e racconto orale. Il racconto orale è sempre in movimento, creato sul momento, in tempo reale, anche in base al contatto e all'approccio diretto con chi presta attenzione e segue e ascolta. Puoi essere interrotto, puoi fare pause, c'è un interscambio immediato fra chi racconta e chi ascolta.

Il racconto scritto è univoco, a senso unico. Ha una sola direzione: quella che decidi di dargli tu scrivendolo. Il tuo lettore potrà fantasticare, certo, immaginare e supporre di suo, ma dovrà comunque percorrere quella strada, camminare su quel binario, su quella strada ferrata tracciata da te, da te immaginata, pensata, prodotta, proposta. Ciò che scrivi è mobile solo finché non scrivi la parola *fine* e non passi alla pubblicazione. È narrazione immobile, fissata nel tempo e nella storia come una fotografia, un quadro antico che tu puoi solo fermarti a guardare, a osservare, a comprendere (leggere, interrogare). È narrazione in solitudine, finché non incontra il suo lettore. Una volta scritta, è sempiterna: non puoi cambiarne il volto o i contenuti, non puoi riscriverla o cancellarla. A differenza di ciò che viene detto e quindi raccontato oralmente, una volta in libreria il tuo libro non può più essere rivisitato e/o corretto.

Se vuoi scrivere rinnovandoti e se vuoi farlo con creatività, ci sono alcune cose che devi sapere. *Continua a leggere, e le scoprirai.* Trucchi, consigli, tecniche e suggerimenti: già, perché la scrittura non è solo arte, mondi veri e mondi immaginari; in essa puoi perderti, ma anche re-inventarti, reinventare la (tua) realtà circostante. Tra gli strumenti metodologici più usati anche durante le sessioni di *brainstorming* di cui parleremo più avanti vi sono le cosiddette *Mappe Mentali*, cioè la rappresentazione grafica delle idee.

Avendo altresì carattere creativo, esse facilitano il processo associativo attraverso gli stimoli giusti, incoraggiando così anche lo sviluppo di altre nuove idee.

SEGRETO n. 11: il racconto scritto è univoco e pertanto ha una sola direzione: quella che decidi tu di dargli scrivendolo. Ciò che scrivi è mobile solo finché non scrivi la parola fine e non passi alla pubblicazione.

Ricerca, documentazione e ispirazione

Ricerca e documentazione

Il lavoro di scrittore, oltre a quello dello *sviluppo dell'architettura narrativa*, richiede anche un altro passaggio: per scrivere, qualsiasi cosa tu voglia scrivere, devi documentarti. Ossia fare ricerche, consultare libri, navigare on-line, sfogliare giornali e riviste, leggere testi, discutere con amici, familiari, colleghi, professionisti ed esperti. Guardare la tv, andare a mostre, concerti, spettacoli (teatrali, musicali ecc.), dibattiti, incontri e convegni. *Imparare, conoscere, capire, ragionare, considerare* sono tutte operazioni mentali, interiori, e psicologiche contemporanee e complementari alla scrittura.

Ricerca e documentazione = 1) *fonti e importanza delle fonti* (che vanno citate!); 2) *fonte d'ispirazione*!

Imparerai la vita dei tuoi personaggi e dei tuoi luoghi nonché di tutte le situazioni e condizioni da te scritte, narrate e descritte; scruterai quindi il loro mondo, documentandoti su come lo frequentano e lo attraversano nel mondo reale e così facendo avrai altra ispirazione. Un minimo di conoscenza delle tematiche trattate occorre averla, altrimenti si rischia di scrivere cose inverosimili o avulse dalla realtà stessa! Peraltro indispensabili per *generi specifici*, come *romanzi storici*, *libri gialli* (elementi di scienza medica e di tecnologia, elementi legali, mistero, psicologia ecc.) e *saghe fantasy* o di *SF*.

La difficoltà tecnica della narrazione è in crescendo: più vai a ritroso nel passato, più essa sarà maggiore. La *contemporaneità* ovviamente ti appartiene di più rispetto al Medioevo o al Seicento, così come troverai molto meno complesso riprodurre ambientazione della vicenda e psicologia dei personaggi se la dimensione temporale della tua storia riguarda il 2010 piuttosto che il 30 a.C.!

Tali elementi richiedono un duro lavoro, non risolvibile certo in un giorno, specie se relativo all'ambientazione della vicenda. Un personaggio è un dato forse più soggettivo che oggettivo, l'ambientazione no, essendo anche dato e fattore storico, dotato di un suo presente certo, ma anche di un futuro e di un passato. Pensa al *romanzo storico*: spesso e volentieri ne sono autori ricercatori ed esperti di storia, di usi e di costumi, di ambienti e di vicende dell'epoca di loro interesse e competenza.

Essenziali sono i dettagli, con i quali bisogna essere precisi al massimo e farsi mille domande. Non puoi sbagliarti, neppure se si tratta di una storia di genere fantasy o fantascientifico: il dettaglio salta subito all'occhio, e la documentazione è vitale. Se spesso la risposta è in una semplice riflessione, molte volte però riflettere non basta. La risposta devi cercarla, reperirla. Collegarla al tuo dettaglio di riferimento, inclusi quelli precedenti e successivi.

Una storia è fatta, al suo interno, sempre e comunque di tre tempi: *il presente* (delle vicende narrate), *il passato* (dei personaggi coinvolti, per esempio) e *il futuro* (ciò che accadrà, narrato in prima o in terza persona o da un punto di vista del tutto estraneo e impersonale al narrato stesso). Scelta perciò un'epoca (storica) nonché tutti gli eventi e le peripezie, hai una moltitudine di minuzie da conoscere e da (ri)controllare (moda d'epoca e taglio di capelli; giornali e riviste; strade, vicoli e piazze, solo per citarne alcuni). Minuzie che non puoi ridurre a semplici dettagli, perché vivendo con la tua storia dentro il mondo da te proposto, ne diventano meccanismi, *narrativi* e *strutturali*. Se cadi su un solo dettaglio rischi di cadere su tutta la storia, ossia sul tuo libro per intero! Ti occorre una mappa.

La tua mappa creativa, ideativa e narrativa. Su cui poterti orientare, su cui poterti basare, con cui controllare e ricontrollare tutti i dettagli e la loro verità (storica, d'epoca, contemporanea). Questa mappa nascerà solo dopo un accurato e mirato lavoro di studio, completato da analisi, ricerca e documentazione.

Questo **decalogo** ti faciliterà il lavoro:

- **libri fotografici**: ti mostreranno quel posto, dicendoti com'era e com'è;
- **libri storici**: la storia del luogo e dei luoghi cui ispirarsi con l'idea (giusta) e da cui trarre quanti più dettagli possibili. Maggiori sono le informazioni in tuo possesso, minore è il margine d'errore. *Considera che la storia di un luogo è anche la storia delle persone;*

- **piantina del luogo**: morfologia, struttura e stradario della città. Tieni d'occhio i movimenti dei tuoi personaggi fra itinerari e spostamenti vari. Più è dettagliata, meglio è;

- **cartine, guide geografiche, guide turistiche, guide gastronomiche**: fonti di descrizione accurata e precisa;

- **dossier/oggetti**: ogni storia prevede un ambiente e in ogni ambiente ci sono centinaia, migliaia di oggetti. *Oggetto = epoca d'uso e di (sua) appartenenza.* Verifica attentamente questa equivalenza. Sempre. Non puoi risultare incoerente (e neanche la tua storia);

- **dossier/musica**: la musica è soggetto/oggetto di vita quotidiana. Controlla il mondo musicale annesso e connesso alla storia che racconti e al periodo storico in cui hai ambientato questa tua storia;

- **dossier/moda (usi e costumi)**: utilissimo lo studio della moda e degli accessori usati;

- **dossier/mezzi di locomozione**: per non anticipare il futuro, ignorare il presente o dimenticarti del passato. *Cosa (chi)* si usava *quando, come* e *perché*;

- **dizionari ed enciclopedie:** più ne hai meglio è! *Dizionari* di lingua italiana, di altre lingue, tecnici o di settore. In base alla tua storia: ottimi per terminologia in generale (differenze, somiglianze e sfumature di significato), ma anche per ambientazione e caratterizzazione di luoghi, ambienti e personaggi. Utili inoltre per professioni, mestieri e attività varie. Saranno più verosimili e reali, cioè molto più credibili ed efficaci per l'economia della storia. Eviterai così gli errori più ingenui! Per approfondire le proprie ricerche, indispensabili anche le *Enciclopedie*, che raccolgono e racchiudono tutto lo scibile conosciuto;

- **internet:** una volta non c'era, oggi sì. Perfetto per la frenesia odierna. Cerchi e trovi tutto, risparmiando tempo e denaro. E hai tutto in tempo reale, pronto da studiare, rielaborare e apprendere. Per documentarti il web è una miniera d'oro: migliaia di siti e motori di ricerca. Usalo!

L'ultima domanda che sicuramente ti stai facendo è: *posso raccontare ciò che non ho mai visto?* La risposta è sì, tu puoi scrivere di tutto. Anche di fatti, posti, situazioni e condizioni che non hai conosciuto di persona, o in cui non ti sei mai trovato né sei mai stato. In tal caso il lavoro di documentazione, analisi e ricerca assume ancora più valore e importanza. Se lo fai con la massima attenzione e accuratezza, puoi scrivere ciò che credi senza neanche uscire di casa. E nessuno verrà mai a saperlo.

SEGRETO n. 12: per scrivere bene, scrivere non basta: devi anche documentarti e agire sull'*ambientazione* e sulla *psicologia dei personaggi*. La scrittura non si esaurisce mai in sé, richiede sempre e comunque interazione con te e con l'ambiente circostante (vero o inventato che sia).

Idee e Ispirazione

«*L'associazione delle parole si fa attraverso la dissociazione delle idee*» (J. Prevert)

Premettiamo una cosa: l'ispirazione, prima di essere *trama*, *struttura* ed *elemento* di un libro è idea:

idea/spunto iniziale > tema portante > trama

Ciò suscita tre interrogativi basilari: come si interagisce con le proprie idee? Come funzionano le idee? E la scrittura, come interagisce con il soggetto/oggetto *essere umano*?

Per rispondere, partiamo dall'analisi del processo di sviluppo delle idee. Assodato che l'elemento fondamentale e costitutivo della scrittura, creativa e non, è l'*idea*, tale processo passa per due fasi, quella *divergente* e quella *convergente*.

Tramite queste due fasi s'interagisce con le proprie idee, e il pensiero è proprio il ponte tra te e tutti i tuoi lettori. Tali idee, una volta immesse nel processo creativo di scrittura e (ri)vestite della tua firma, ossia del tuo stile, s'incroceranno con emozioni e sensazioni, dando vita alle tue storie e alla tua narrazione. Vediamole nel dettaglio:

- **fase divergente**: *il viaggio della mente (e dell'uomo),* liberi di librarsi, pensare, immaginare. Non hanno limiti né confini, attraversano terre fantastiche, universi possibili e impossibili;
- **fase convergente**: *l'organizzazione delle idee,* la loro scelta e strutturazione. Il momento di bilanciare e di selezionare, di scegliere e di decidere, nonché quello delle motivazioni.

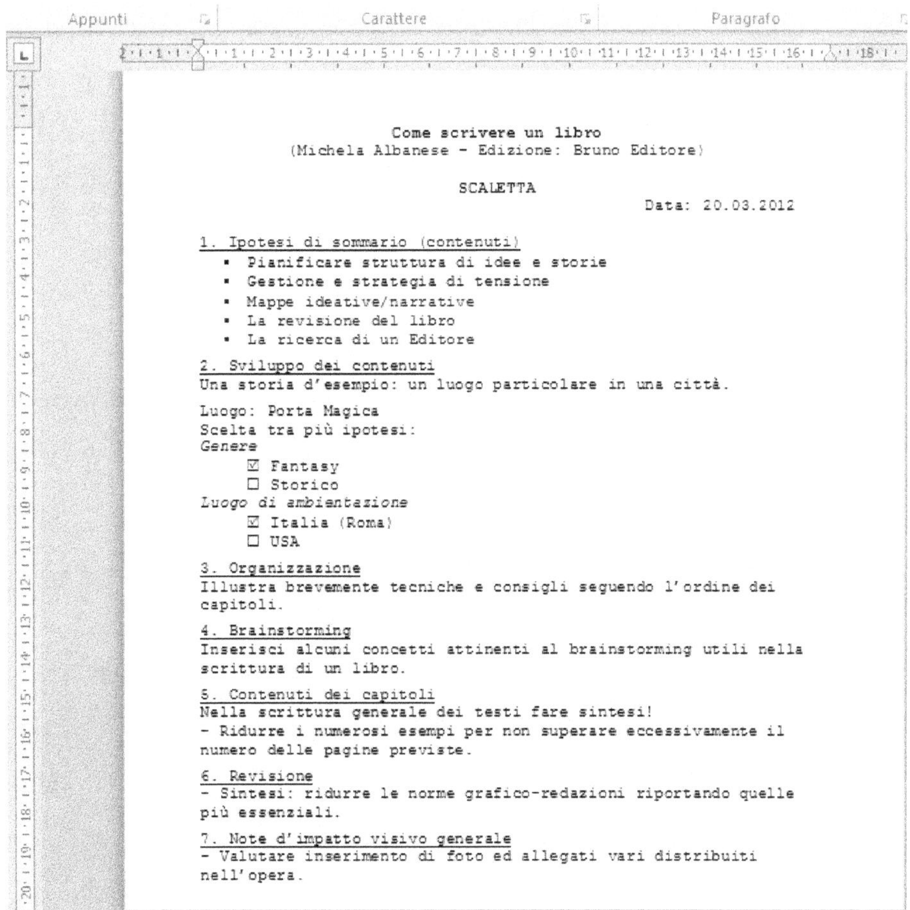

Figura 02 - Esempio di scaletta

Una scaletta è veramente molto utile per organizzare il proprio piano di lavoro e lo sviluppo degli argomenti. Ad ogni modo, non esistono norme fisse per la realizzazione di una scaletta e quindi ciascuno può strutturarla e aggiornarla in base alle proprie preferenze. Essa diventa una vera guida di lavoro, grazie alla quale potrai interrompere il lavoro di scrittura senza perdere il filo della trattazione.

I luoghi dell'ispirazione

Altra domanda: *da dove nascono le storie? Da dove vengono? Dove vanno? Chi (o che cosa) le origina?* Mille e più di mille sono i luoghi delle storie! Attraversiamoli:

- **per caso, dal nulla, all'improvviso** (idea ispirata da gesti e azioni quotidiani) > fai ciò che sei solito fare;
- **dal pensiero** (l'idea prima ponderata e poi organizzata, selezionata, strutturata) > rifletti, pensa, medita;
- **dai tuoi stessi strumenti di lavoro e di scrittura** > davanti a carta e penna (o tastiera e schermo del pc);
- **fatti di cronaca** > da tv, radio, giornali/riviste, libri, web;
- **suggestioni particolari** > ricordi e sogni, profumi e sapori, musiche parole, silenzi;
- **luoghi** (un luogo può conoscere molte storie, magari proprio quella che stavi cercando) > paesaggi, città, strade, stanze, un

bar, un caffè letterario;

- **l'esperienza diretta** (la conoscenza personale di eventi, luoghi, cose, animali, persone – situazioni/condizioni) > ispirati alla tua vita, ai tuoi hobby, alla tua professione!

Aggiungi alla lista tutti i tuoi soggetti e oggetti di forte spunto e stimolo.

Le descrizioni: luoghi, ambienti e paesaggi

Tipologia di descrizioni

Guidata soprattutto dai cinque sensi, che si attivano quindi come *canali* sia *descrittivi* che *percettivi*, di libera preponderanza dell'uno sull'altro, la descrizione non si riduce all'atto semplicistico del descrivere scrivendo o viceversa.

Essa è molto di più, poiché è anche *prospettiva*, punto di vista. In quanto tale, sappi che può assumere:

- *carattere soggettivo*: se superi la mera osservazione dello spazio-luogo, conferirai alla storia, all'ambiente, ai gesti, alle atmosfere, ai luoghi, al tempo tutta una gamma completa di pensieri e sentimenti dei diversi personaggi che hai deciso d'inserire nella vicenda;

- *carattere oggettivo*: se mantieni oggettività e distacco, utile se vuoi scrivere un libro che documenti qualcosa, farai attenzione a non lasciar trasparire i tuoi sentimenti, le tue emozioni e le tue sensazioni.

Puoi riscontrare la validità di questa tecnica di narrazione e descrizione oggettiva soprattutto quando il tuo obiettivo primario sarà:

- creare e mantenere un certo distacco dai personaggi (anche uno solo!);
- sottolineare l'irrilevanza dell'ambiente relativamente all'azione e, di conseguenza, a tutti gli scopi che essa può porsi all'interno della storia/vicenda.

Funzionalità di descrizione

Le descrizioni devono avere un senso, un ruolo preciso nella storia e nella sua economia: se qualcuna non è significativa, puoi tranquillamente eliminarla! La descrizione è uno strumento potente, e tu ce l'hai a disposizione. Non come sfondo o semplice fondale (di scena), ma come elemento strettamente annesso e connesso al personaggio, che ha quindi, assieme e accanto a lui, la sua importanza – quel dettaglio farà perciò la differenza nella narrazione. Non è fatta per riempire vuoti, ma per dare credibilità alla storia. Gli ambienti e le ambientazione sono il mezzo attraverso cui stimoli l'immaginazione dei tuoi lettori, e in tal caso puoi usare la tecnica del *"Show, don't tell"* (*Mostra, non raccontare*). Il lettore non deve inventarsi tutto. Non sforzarsi di ricordare. Ciò che viene raccontato difficilmente resta impresso nella mente. Deve *vedere*, intuire ciò che in parte rimane celato.

Se nelle descrizioni usi termini specifici e non generici o astratti, richiamerai immediatamente l'immagine adatta, sarai più diretto e immediato (evitando pagine inutili) e l'effetto finale sarà molto più vivido rispetto alla tecnica del semplice *telling*.

- **telling**: scorciatoia, noia e disinteresse dei lettori;
- **show, don't tell**: pathos, attenzione e voglia di continuare a leggere. Immersione totale nella storia, nel libro.

Non devi raccontare ciò che fanno o dicono i tuoi personaggi, devi farglielo fare. La situazione sarà resa vivida dai particolari concreti, e il tempo sarà scandito dalle azioni, dai loro stessi gesti.

Elimina aggettivi e avverbi superflui (pochi sono quelli realmente specifici e concreti: *azzurro, asciutto, liscio*), nonché frasi ed espressioni come «non riuscì a», «cercò di», «provò a» (che sanno di *astrazione, di narrato*) e «le ali del draghetto erano *quasi* nere» (o quelle ali sono nere o non lo sono! E se non lo sono, dimostralo: sono nere, ma con l'intersezione di un altro colore?).

Ricordati sempre di controllare il punto di vista: è dei personaggi direttamente coinvolti, o di un terzo che assiste alla scena? Ciò ti aiuterà a distinguere tra le due tecniche, individuando eventuali errori!

La descrizione non è solo *l'artefice dell'atmosfera prescelta*, ma è anche *tecnica narrativa* e *strutturale*, e lo è con due obiettivi fondamentali: portare la tensione al massimo, creando così la necessaria suspense (il metodo usato in tal caso è svelare pochi dettagli, ridotti all'osso); sciogliere il pathos – psicologico, psichico, emotivo – del lettore, rallentando il ritmo narrativo dopo sequenze particolarmente movimentate, giacché ricche di azione e di tensione, con il metodo d'interrompere la narrazione nel punto critico.

Luoghi, ambienti e paesaggi possono essere veri, realmente esistenti, o d'invenzione, cioè prodotti di fantasia e d'immaginazione, più o meno ricchi di particolari e/o relativi a posti e paesi precisi, oppure più generici e perciò meno dettagliati. Scegliendo di dotare o meno i tuoi lettori di tali elementi, permetterai loro di calarsi nella storia e di identificarsi con i suoi tratti più salienti, oppure di integrarla e completarla con elementi della propria soggettività.

SEGRETO n. 13: quando descrivi, sii sintetico e immediato. *Mostra*, non raccontare! La parola fotografica è la tua carta vincente.

La descrizione degli spazi

Essa ha duplice funzione, tanto nel romanzo quanto nel racconto. Potrai perciò usarla quando:

- vuoi mettere in risalto i vari elementi sociali, storici e naturali che fanno da cornice agli eventi, caratterizzando ulteriormente l'azione, di cui sono scenario, nei diversi aspetti e sfumature;
- devi mettere in risalto i vari elementi che concorrono a catturare e accompagnare i tuoi lettori nelle loro emozioni e

sensazioni, integrate, arricchite e completate dall'atmosfera che li circonda e in cui si muovono e interagiscono.

Sull'ambiente

Nella narrazione spesso è proprio l'*ambiente* a spiegare, chiarire, svelare, o celare un personaggio. Esso può anche introdurre e caratterizzare un oggetto, dei segreti, un mistero, il tempo (*momento* di un personaggio/evento narrato o *epoca storica*), un racconto nel racconto.

Puoi inserire i tuoi personaggi in un ambiente sereno, oppure in uno avverso, pericoloso e/o minaccioso, a tua scelta, ma non dimenticarti mai che tutti i personaggi sono sempre e comunque legati al proprio ambiente. Considera quindi i molteplici significati che il termine *ambiente* contiene, cioè che per *ambiente* si può intendere:

- *un ambiente naturale* – territorio, paesaggio;
- *il background* – sfondo socio-culturale;
- *una condizione* – umana, sociale;
- *un luogo* – fisico e/o geografico; luoghi come interni o esterni, nonché uno stato interiore, una propria intima dimensione.

Rammenta infine che ambienti e luoghi incidono fortemente sia su carattere, atteggiamento e comportamento dei personaggi che sulle loro azioni, condizionando così gli eventi stessi che, intrecciandosi, evolvendosi o involvendosi, costituiscono di fatto la tua storia, cioè il tuo tessuto narrativo, la tua trama.

Descrivere il paesaggio

Ogni autore e scrittore sa che le storie sono fatte di parole, così come i prati di fili d'erba. *Ma come si descrive un prato?* Come si descrive un paesaggio, quella veduta mozzafiato per la quale ti sembra che non ci siano parole? Vuoi descrivere *quella chiesetta* che ti ha colpito così tanto nel tuo ultimo viaggio a nord, in provincia di Vicenza? Prima individui gli elementi chiave della tua descrizione: soggetto (*la chiesetta*), spazio/luogo (dov'è collocata tale chiesetta? *In cima alla collina*), dettagli/particolari annessi e connessi (perché quella chiesetta ti ha colpito tanto? *Perché ha una vista stupenda sulla vallata*).

Bene, da tale prima analisi possiamo ricavare una prima bozza di descrizione, che suonerà per esempio così: «*La chiesetta in cima alla collina con una vista stupenda della vallata...*» Converrai con me che questo è un racconto! Non mostro niente, non vedo niente. *Leggo che. Capisco che. Ascolto che.* Ma non partecipo. *Non immagino!* Passerò oltre e dimenticherò la tua chiesetta in cima alla collina (lo vedi? Ho già dimenticato la *vista stupenda della vallata*).

Per fare i prati ci vuole l'erba, ma per ottenere un certo tipo di prato ti occorre un certo tipo di erba. Similmente, per un paesaggio interessante, suggestivo e rievocativo ci vogliono creature, colori, forme, inattese presenze. E la capacità di vedere oltre gli orizzonti. Ciò che c'è – o ciò che manca – al di qua e al di là dell'orizzonte.

Esercitarsi a descrivere

Per fare pratica con la descrizione, padroneggiandola al meglio, puoi partire da quella *realistica*. Giacché ti sarà impossibile raccontare con totale obiettività, racconterai ciò che vedi così come lo percepisci e lo riesci a fermare sulla carta o sul PC. Una cosa simile accade nell'arte fotografica. Sarà proprio *una foto* il tuo primo approccio con la descrizione: prova a dire a parole ciò che vedi in una fotografia di tua scelta.

Il fotografo lo fermerà con lo scatto, tu con carta e penna. Guardala, osservala con attenzione, studia i suoi dettagli e poi raccontala. Con tale metodo puoi imparare a *vedere* imparando al contempo il linguaggio giusto per poter *mostrare*. Attenzione: l'essenza di un simile esercizio non è tanto capire ciò che ha visto il fotografo, quanto esercitarsi a *vedere* e a *far vedere* (cioè *mostrare*).

Non perderti in descrizioni metaforiche, giri di parole, neologismi e allegorie. L'uso sapiente della *parola scritta* ne farà una *parola fotografica*, con lo stesso effetto degli scatti immortali: una descrizione vivida, scevra da metafore e ricca di colori. In una parola: *perfetta*. I tuoi lettori possono e devono *sentire* il racconto del tuo libro. Hai a disposizione tre strumenti potentissimi: i personaggi, con i loro ricordi, emozioni e sensazioni; le descrizioni visive; le parole dal suono onomatopeico (suoni e rumori riconoscibili e quotidiani nella vita di tutti catturano subito l'attenzione del lettore, giacché lo immergono nel pieno della storia con vivida immediatezza).

SEGRETO n. 14: la descrizione è sia artefice dell'atmosfera

prescelta che tecnica narrativa e strutturale.

Brainstorming

Che cos'è il brainstorming? Dall'inglese: brain, *cervello* + storm, *tempesta, temporale, burrasca; uragano*. Pertanto *tempesta di cervello* (*cerebrale*) e, per estensione, tempesta di idee.

Come funziona il brainstorming

Nasce dal pensiero di Alex Faickney Osborn, dirigente pubblicitario, come tecnica di creatività di gruppo: *emerso un dato problema, un gruppo di persone si riunisce per trovare la giusta soluzione.* Ognuno proporrà la sua, senza censura alcuna (accettati tutti i tipi di soluzioni, anche quelle più bizzarre, inverosimili o improbabili). Libertà assoluta di pensiero e di parola, perciò. Discussione, critiche e selezione della soluzione migliore, quella più valida, efficace e creativa e/o più facilmente realizzabile, che dia i massimi risultati con minimi oneri, hanno luogo solo dopo, a seduta conclusa, proprio per non inibire il processo ideativo, creativo e propositivo di ciascuno, del tutto libero e personale.

Osborn scrive e pubblica *Applied Imagination*: da quel momento (1957) il Brainstorming diventa di pubblico dominio e uso, ed è apprezzato proprio per il suo fattore di libertà ideativa e creativa, anche e soprattutto nel mondo professionale e lavorativo. Com'è evidente, quindi, sia metodo *creativo* sia *professionale* e *di business*.

Una volta riuniti in sessione, si scambiano punti di vista e impressioni, idee e pensieri sul problema oggetto/soggetto di studio e di analisi, di ricerca e di risoluzioni. Tutto ciò in tempo reale, di persona o in modo virtuale, potendo usufruire facilmente e con rapidità di documenti vari, eventualmente corredati di testi, didascalie e/o immagini nonché di *note* e di *commenti* a margine. In Microsoft Word c'è la funzione utilissima della "Revisione" (*Revisione – Nuovo Commento*) con possibilità d'inserire nuovi commenti e intervenire su quelli precedenti o successivi, attuando così interazione e interscambio per lo stesso progetto, lavoro, documento.

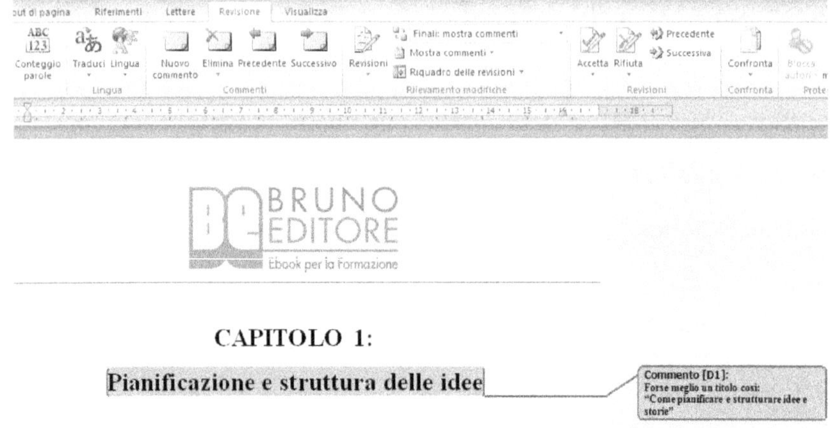

Figura 03 - Una schermata di esempio con l'opzione d'inserimento di un commento

Altre (importanti) considerazioni:

- anche qui, utilissime le 5 W + 1;

- utili, sempre in caso di brainstorming, anche le *presentazioni* (con diapositive e testi, musica, commenti, schemi e diagrammi), ulteriori fonti d'ispirazione oltre che d'informazione (dati, analisi/studi e commenti ben calibrati e ponderati);

- si può fare brainstorming ovunque, ma se si prepara l'ambiente giusto forse i risultati saranno più immediati (o almeno più veloci). L'ambiente ideale: luogo tranquillo e pulito, che rilassi le persone presenti; eventuali musica rilassante o stimolante di sottofondo a volume basso; buona luminosità, magari anche un buon incenso, dei bei quadri alle pareti o un bel panorama esterno. Il brainstorming, tra l'altro, è usato anche nei comitati di lettura.

Metodi di brainstorming

Esistono due metodi di brainstorming:

- **il metodo classico**: incontri e/o riunioni fra amici, colleghi, creativi in ufficio, a casa, al bar, in un caffè letterario;

- **il metodo tecnologico**: il web, che offre varie e diverse possibilità via chat o su forum di discussione, siti con quesiti posti da chi ha un problema o un dubbio e cerca la risoluzione; e poi commenti dei vari utenti che navigano in rete e consultano quel sito – anche semplicemente per confrontarsi con gli altri, mail, Skype (chat, telefono, videoconferenza) o anche social network tanto utili e di moda (Facebook, Twitter, LinkedIn, Myspace ecc.).

Risoluzioni ottenute con il brainstorming

Processo assolutamente non sciocco né infantile ma, al contrario, fortemente produttivo e risolutivo, con cui avrai:

- un'idea risolutiva;

- una lista di varie idee per la successiva risoluzione;

- una lista di varie idee che saranno la prossima work session per la ricerca di una futura risoluzione.

Non un solo risultato di seduta, perciò, ma vari approcci e possibilità anche di ulteriori sessioni per future risoluzioni, se una sola non dovesse bastare.

Il brainstorming è infatti impiegato in vari ambiti, fra cui:

- arte e creatività (applicazione artistica e creativa);

- atti giudiziari (iter di processo giudiziario tramite legali o studio legale);

- mondo aziendale (prodotti da sviluppare; campagne pubblicitarie da ideare; problemi da gestire/risolvere; gruppi di lavoro da creare; business-planning da ideare);

Il brainstorming, tuttavia, non è l'unico metodo di creazione di idee: oltre ad esso, puoi infatti sperimentare anche l'approccio dell'analisi morfologica, il pensiero *Blue-Sky* orizzonte aperto, la creazione individuale oppure lo *Yoga della Scrittura*.

SEGRETO n. 15: Molto utile per la scrittura è il brainstorming, *tecnica di creatività di gruppo*. Massima libertà d'espressione, senza censure, e due metodi: classico, *di persona*, o virtuale, *online*, tramite le molteplici possibilità offerte dal web.

RIEPILOGO DEL CAPITOLO 3:

- SEGRETO n. 11: Il racconto scritto è univoco e pertanto ha una sola direzione: quella che tu decidi di dargli scrivendolo. Ciò che scrivi è mobile solo finché non scrivi la parola *fine* e non passi alla pubblicazione.

- SEGRETO n. 12: Per scrivere bene, scrivere non basta: devi anche documentarti e agire sull'*ambientazione* e sulla *psicologia dei personaggi*. La scrittura non si esaurisce mai in sé: richiede sempre e comunque interazione con te e con l'ambiente circostante, vero o inventato che sia.

- SEGRETO n. 13: Quando descrivi, sii sintetico e immediato. *Mostra*, non raccontare! La parola fotografica è la tua carta vincente.

- SEGRETO n. 14: La descrizione è sia artefice dell'atmosfera prescelta sia tecnica narrativa e strutturale.

- SEGRETO n. 15: Molto utile per la scrittura è il brainstorming, *tecnica di creatività di gruppo*. Massima libertà d'espressione, senza censure, e due metodi: classico, *di persona*, o virtuale, *online*, tramite le molteplici possibilità offerte dal web.

CAPITOLO 4:

Come fare la revisione del proprio libro

Prima di cercarsi un editore, l'autore rilegge e rivede tutta la sua opera, controllandone sia l'architettura strutturale sia i contenuti, il tempo, l'efficacia d'incipit e di finale, con uno sguardo anche alle norme grafico-redazionali.

La tecnica più semplice per una prima revisione è la rilettura dall'inizio, seguendo il continuum narrativo dell'intera opera, una vera e propria fase di profonda analisi finale. In tale fase occorre prima di tutto leggere come se fossimo un lettore che sta leggendo per la prima volta la nostra opera.

Solo a revisione ultimata, l'autore contatterà l'editore (o gli editori) prescelto per inviargli in visione la propria opera. Di solito si parte da un minimo di 1 o 2 capitoli, con sinossi, sommario e proprio curriculum vitae (con eventuali link a siti, pubblicazioni ecc.). Se l'editore è interessato (meglio se con comunicazione scritta), si procederà all'invio dell'opera integrale, seguendo le indicazioni ricevute.

SEGRETO n. 16: la tecnica più semplice per una prima revisione è rileggere il testo seguendo il continuum narrativo dell'intera opera.

Nell'effettuare la tua revisione, che altro non è che rilettura, rifinitura ed eventuale riscrittura della propria opera (o di parti di essa), vi sono tre punti-chiave:

- **scegli il tuo metodo.** Che tu sia scontento o soddisfatto di ciò che hai scritto, hai due possibilità: ti rimetti subito al lavoro, effettuando immediatamente la tua revisione, o chiudi tutto e ti ci dedichi dopo cinque o sei giorni, a mente libera e fresca;

- **scegli il tuo strumento di lavoro.** L'ideale è un PC, con pagine dal testo pulito, visibile in modo chiaro e netto – simili a quelle dei libri. Ciò faciliterà l'attività di revisione, permettendoti di correggerlo nelle migliori condizioni. Rileggi tutto su schermo, effettuando le migliorie necessarie. Se preferisci, puoi anche stamparlo e poi fare le tue correzioni a penna sulla carta, aggiornando in seguito anche il tuo file di testo;

- fatta una prima correzione, **prenditi una piccola pausa**: non diventare schiavo della tua opera (o della perfezione) ma impara a dominarla. Rileggila due o tre volte, e anche se hai ancora qualche dubbio, lasciala "fermentare" per qualche giorno.

Non continuare a leggere e rileggere, riposati anche tu, dedicandoti ad altro. Acquisirai così maggiore obiettività, rivedendo il tuo scritto con il giusto distacco. Un errore comune di chi scrive, principiante o meno, è l'affezione alla propria opera. Ciò impedisce anche di crescere come scrittori, a volte addirittura di confrontarsi con il mondo esterno, ossia con editori e lettori. Se non si è mai soddisfatti di ciò che si è scritto, i propri scritti non arriveranno mai a un editore! Considera inoltre che la revisione è altresì occasione di *critica* e *autocritica*, anch'esse importanti nel panorama d'orizzonti di uno scrittore.

SEGRETO n. 17: importanti nella fase di revisione sono la scelta del metodo, gli strumenti di lavoro e la pausa.

Righe e battute: un po' di storia (e qualche curiosità)

Cartella: molto comune in ambito letterario, editoriale e giornalistico, determina la lunghezza dei fogli di testo.

Battuta: in un testo è il carattere, compresi gli spazi tra le lettere.

La cartella standard originaria era composta da 25 righe x 60 battute ciascuna, inclusi gli spazi: 1.500 caratteri in toto per pagina. Poi ci fu un cambiamento, e la cartella standard mutò: 30 righe, sempre da 60 battute, con spazi inclusi, e le battute salirono perciò a 1.800. Due i principali tipi di cartella in uso oggi, la *cartella editoriale* (o *giornalistica*, in genere 30 righe x 60 battute, con 1.800 o 2.000 battute/caratteri) e la *cartella commerciale* (25 righe di 60 battute ciascuna, per un totale di 1.500 battute/caratteri).

La tecnologia ha investito tutto, diffondendosi anche in campo editoriale e letterario: il PC ha ormai sostituito la macchina per scrivere e i moderni software di videoscrittura permettono ormai il conteggio delle battute, ossia dei caratteri, seppur secondo le loro specifiche. Perfetto per tali esigenze Microsoft Word: menu

"Revisione" > funzione *Conteggio parole.*

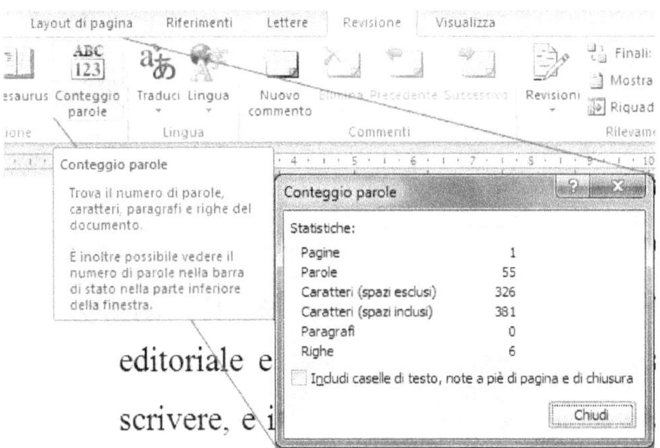

Figura 04 - L'opzione 'Conteggio parole' nell'editor di testi

Essa ti permetterà di tener d'occhio le specifiche dei tuoi documenti in dettaglio, tra pagine, parole, caratteri (con spazi sia inclusi che esclusi), paragrafi e righe, dandoti l'ulteriore opzione d'includere o meno, in tali conteggi, caselle di testo e note, sia a piè di pagina che di chiusura. Del resto, i font a spazio fisso (tipico il *Courier New*) sembrano non incontrare l'interesse e il gradimento di chi scrive. Per il conteggio di righe e di battute per concorsi o premi letterari, anche qui qualcosa è mutato: non solo quelle classiche di *righe per battute*, ma anche indicazioni generali, essendo essenziale alla fine il fattore "battute", ossia i caratteri totali delle opere prodotte. Un esempio d'indicazione: «*Premio letterario per racconti brevi con pubblicazione delle migliori opere: fino a 5.000 caratteri spazi inclusi*».

Anche qui indispensabile l'opzione del conteggio parole degli editor di testi, metodo ideale per determinare, con precisione e comodità, a prescindere dal tipo d'impaginazione, la lunghezza di uno scritto. Elementi fondamentali d'impostazione della pagina sono comunque *margini* e *interlinea*, che richiedono anch'essi degli standard, in ambito letterario, editoriale e giornalistico.

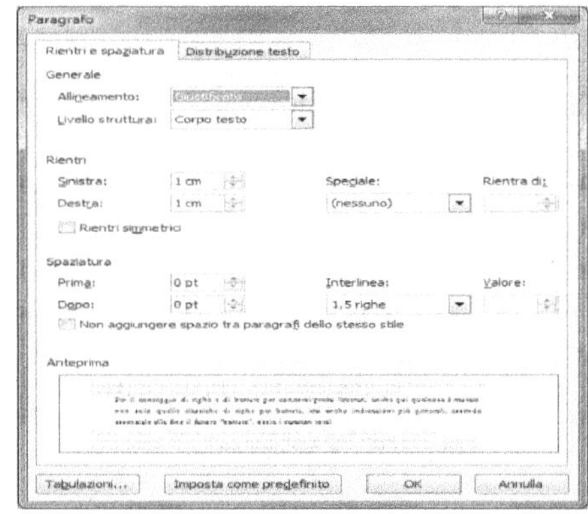

Figura 05 - La schermata 'Paragrafo' con le relative impostazioni

La funzionalità dei capitoli

Leggere e rileggere la propria storia è certamente utile, ma non del tutto. Dovrai infatti farlo prestando particolare attenzione non solo alla storia in sé, ma anche a vari elementi, sia interni (elementi *strutturali* della storia) che esterni (tutto ciò che non è la storia, ma concorre a farla). Per il controllo di tali elementi puoi seguire la seguente scaletta. Gli schemi sono di grande aiuto, in fase di revisione, poiché pratici, essenziali e riepilogativi:

- **elementi strutturali della storia**: incipit, intreccio ed epilogo; personaggi, voce narrante e focalizzazione; stile e dialoghi; climax; tempo e ambientazione;

- **elementi linguistici e sintattici e morfologici**: errori di punteggiatura e di battitura; termini, espressioni e costruzioni che non convincono o non ti persuadono; errori di grammatica.

Persino una virgola può cambiare il senso di una frase! Scrivere *dormivo con una vecchia coperta di lana* è diverso rispetto a scrivere *dormivo con una vecchia, coperta di lana.*

Armonia e coerenza strutturale

«La parola ha sangue e nervi:
ci impegna, ci rende significativi,
testimonianti. Ponti.»
(Anna Maria Farabbi)

Ti sarai accorto, scrivendo e leggendo, della connessione esistente tra i capitoli di un romanzo o le sezioni di un libro. Ciò perché ogni scritto deve avere sempre e comunque in sé un flusso armonico, di linguaggio, di contenuto, di stile, e una sua propria coerenza. Dietro le parole delle tue storie ci sei tu: la struttura e ogni suo elemento deve essere solido, portante, significativo. Sei *narratore*, ma anche *testimone*. Sei *autore*, oltre che *attore*. Inoltre, sei anche il *regista* dei tuoi scritti.

Giacché ogni capitolo è collegato a quello precedente e a quello successivo (il capitolo 2 al capitolo 1 e al capitolo 3; il 3 al 2 e al 4, e così via), tale coerenza di capitoli dovrà riguardare anche la strategia della tensione, lo svolgersi e svilupparsi di peripezie, antefatti o epiloghi. Altri elementi fondamentali sono: l'inizio e la fine del capitolo (strategici e logici, ossia efficaci, *vincenti*! Se non lo sono rischi di perdere i tuoi lettori per strada) nonché il contenuto del capitolo che deve essere significativo. Se un capitolo non ha senso, hai due opzioni: o lo modifichi in modo tale che abbia senso e sia funzionale alla tua storia e al tuo libro – in tal caso valuta anche un eventuale spostamento, in un altro punto più consono; oppure lo elimini in toto, senza rimpianti o nostalgie.

Se hai inserito un capitolo solo perché «era bello!» «mi è venuto proprio bene» «mi è piaciuto scriverlo» «mi ci sono affezionato», allora puoi tranquillamente ometterlo. Nessuna di tali motivazioni riguarda infatti la sua *reale funzionalità* all'interno della storia.

SEGRETO n. 18: la funzionalità dei capitoli dipende sia da elementi strutturali della storia che da elementi linguistici e sintattico-morfologici.

I segreti della revisione

Nelle pagine che seguono troverai alcuni consigli e suggerimenti per ottimizzare e fare perciò al meglio il tuo lavoro di revisione finale, preparando così i tuoi scritti per l'ultimo passo che ti aspetta, il responso degli editori:

1) **revisione sulla trama**: uno dei segreti che la revisione può svelarti è che le storie hanno due trame. Una è lo *spunto iniziale*, l'idea generale di come sarà la tua storia, quello stesso spunto che è anche la primissima motivazione di scrittura; l'altra è quella che si rivelerà *solo mentre scrivi*, la voce stessa dei tuoi personaggi, ma anche dei tuoi luoghi, degli oggetti, degli animali, la dimensione imprevista della storia: quel mondo segreto dei personaggi che, dando luogo ad azioni e reazioni inaspettate, darà anche luogo a vicende inaspettate, e quindi a un epilogo inaspettato, non predeterminato. Ovviamente, se le due trame non coincidono dovrai fare ancora più attenzione alla coerenza! *Storia = incipit e finale = coerenza d'incipit e di finale.* Per ovviare a ciò ti basterà studiare un nuovo intreccio e tracciarne il relativo schema, agendo sulla storia. Modifiche, tagli e/o aggiunte di capitoli potrebbero rendersi dunque necessari. Non esitare;

2) **ricordati, il lavoro di revisione è anche lavoro di controllo**: innanzitutto dei dettagli, nonché di eventuali citazioni e fonti prima di inviare l'opera all'editore da te scelto. Può capitare di trovarne una navigando in rete, ma l'autore non è quello

citato! Altrui errore o svista e leggerezza non fa differenza: tu distinguiti sempre per attenzione e correttezza. Non c'è autorevolezza alcuna, né autorialità o ingegno, ad appropriarsi della paternità di citazioni che non ci appartengono;

3) **taglia, copia e incolla**: non devi cancellare o ampliare tutto. Devi solo equilibrare il tuo libro. Dilungarsi sul superfluo e trascurare l'essenziale è una delle trappole della scrittura. Ok, hai (quasi) finito di scrivere! Ma chi ti leggerà, ora? Anche l'editore è un lettore: anzi, il primo (e spesso anche l'ultimo, soprattutto se si è sbagliato storia o editore) dopo di te! Egli è quindi il tuo ponte: fra te e tutti i tuoi possibili lettori futuri. Ecco perché il lavoro di revisione è così importante, proprio come quello di scrittura. Alla fine, i nostri lettori risultano essere quasi più importanti di noi: noi possiamo anche accontentarci, loro no! E un editore, se crede in te, vuole il meglio.

SEGRETO n. 19: la revisione del tuo libro è un lavoro di controllo e meditazione determinante, poiché il tuo primo lettore sarà proprio l'editore e, se hai sbagliato a scriverlo, diventerà anche l'ultimo a leggerlo.

Norme grafico-redazionali

Utile *vademecum* per chi scrive, è una guida all'impaginazione che ogni autore/scrittore può seguire, non vincolante per il software utilizzato. Ne scoprirai personalmente tutta la validità! Ti sarà d'aiuto nel presentare al meglio sia te stesso che la tua opera; servirsene accelera e facilita inoltre l'attività sia dell'autore che dell'editore, permettendo così quell'armonico lavoro di squadra che porta a libri ben curati in grafica e struttura oltre che d'interesse specificatamente contenutistico (per entrambe le parti).

Distinguiamo subito tra norme redazionali e norme prettamente grafiche: le une relative soprattutto alla redazione dei testi (interessano finanche linguaggio, grammatica e linguistica), le altre alla loro impaginazione (composizione e struttura integrale del libro, in cui confluiscono poi anche elementi grafici). Riportiamo qui di seguito alcuni degli elementi cui è necessario prestare particolare attenzione.

Segni d'interpunzione: richiedono tutti, incluso il *punto di abbreviazione*, uno spazio (*dopo*, non prima). In frasi d'elenco l'ultimo vocabolo non è mai seguito dalla virgola (esempio: *il block-notes, la penna, il dizionario sono utili strumenti di scrittura*). In caso di elenchi con punti: punto fermo in finale d'elenco; punto e virgola a fine di ogni riga non obbligatorio se non sono frasi o sono corti; il punto elenco inizia con la minuscola, per elenchi precedute dai due punti, se ognuno va a capo. Le parentesi: mai precedute dai segni di punteggiatura, corretti invece dopo la loro chiusura (segni d'interpunzione in parentesi se richiesti dal testo in parentesi); se la frase in parentesi termina con il punto fermo, anch'esso sarà in parentesi, se aperta dopo il punto. Tre puntini: *sospensivi* per pause nel discorso (unico carattere tipografico, non punto triplice), senza spazi per testo precedente e con uno spazio per quello successivo (esempio: *non... non saprei*); gli omissis (per lacune o tagli nei testi citati, in parentesi quadra), evita di metterli a inizio e a fine citazione, giacché quasi sempre incomplete. Per i titoli (di capitoli, sottocapitoli ecc.): alla fine sempre senza punto.

Virgolette dette anche *aggraziate*, sono di tre tipi: alte (o doppi apici: " "), basse (o caporali: « ») e singole (o apici semplici: ' ' da usarsi solo per scelta coerente e specifica dell'autore, soprattutto quando esperto di linguistica e/o di italianistica o per citazioni interne a un testo già tra virgolette alte). Preferibili, per virgoletta singola e virgolette alte, quelle tipografiche e non le stanghette diritte (rispettivamente, ' e " "), usate invece per il tempo (minuti e secondi). Titoli (di conferenze, workshop, seminari, convegni nonché di capitoli o di brani citati: *Il brainstorming lo abbiamo trattato nel capitolo "Come costruire mappe ideative/narrative"*); espressioni gergali/figurate (*la chiazza si allargò "a macchia d'olio"*); termini citati poiché tali (*l'aggettivo "sacro" in tre righe è già apparso per ben cinque volte*), o comunicanti idee/concetti particolari (*l'idea del "sacro e del profano"*), o utilizzati al di là del significato prettamente letterale o con ironia e quelli d'uso generale per dar loro enfasi significativa vanno tutti tra virgolette alte, così come testi pensati da distinguere dai discorsi diretti, doppie citazioni (citazioni dentro citazioni), denominazioni associate a enti (musei, scuole, fondazioni, etc.) e testate di quotidiani (diversamente dai periodici, tra virgolette basse). Testate di periodici, citazioni oltre le cinque parole e discorsi diretti vanno tra virgolette basse. Punto fermo dentro le virgolette solo con discorso diretto o citazione preceduti da un punto, altrimenti sempre fuori (anche in presenza, internamente, di punti sospensivi o di punto interrogativo o esclamativo).

Trattini: principalmente tre: *lungo* (in narrativa, per dialoghi, elencazioni/elenchi e incisi: —), *medio* o di congiunzione (per parole doppie o composte, nonché d'indicazione "da–a", es. *pp. 17–33*): – e breve (il segno di *a capo*: -). Differentemente dal trattino breve e medio (attaccati ai termini), quello lungo è seguito e preceduto da uno spazio. Mentre certe coppie di parole lo vogliono, altre lo rifiutano: se indica opposizione va mantenuto, in caso di congiunzione può essere invece omesso. Usa il trattino medio solo se indispensabile (mai unito alla preposizione latina *ex*: *ex deputato*). Termini come *filo, neo, vice* ecc. non richiedono trattino, giacché in corpo unico con la parola seguente.

Parole accentate: Maiuscole (iniziali o finali) con *accento* e non *apostrofo*: non *E'* ma *È*, così come *CAVITÀ* e non *CAVITA'*. Scrivere l'accento tonico interno alle parole solo in caso di possibile equivoco: *i prìncipi reali sono arrivati* è diverso da *i princìpi di base dell'aerodinamica*. I monosillabi *là/lì* (avverbi, ma *qua/qui* senza accento), *dì* (*giorno*, ma *di* preposizione semplice propria e *di'* imperativo verbo dire, seconda persona singolare), sì (avverbio/affermazione, ma *si* particella pronominale) e *dà* (verbo dare, terza persona singolare) richiedono l'accento. Accento sempre grave per tutte le vocali, tranne la *e*, solitamente con accento acuto se finale di vocabolo (*poté*; *perché/affinché*; *sé* quando non precede stesso/medesimo; *né* quando negazione; *trentatré* e tutti i composti di tre), ma grave per *piè* di pagina; *tè/caffè* (bibite); *è* (verbo essere, terza persona singolare); *ahimè/cioè* nonché per i termini di derivazione francese. I vocaboli stranieri rimangono invariati: *écologie, économiste.*

D eufonica: Come abbiamo detto, anche il suono ha la sua importanza, come nel caso dell'eufonia – ossia quando si ha un'impressione gradevole dai suoni emessi dalle parole. Altrimenti si cade nella *cacofonia,* che può essere alquanto fastidiosa (qualche esempio: "ed educazione", "ad addossare", "od odontoiatra"). La *d* eufonica va quindi usata solo ed esclusivamente quando il termine seguente comincia con la medesima vocale (esempio: *ed ecco, ed è, ed esclusivamente*).

Apostrofo d'elisione: *Tal è* e *qual è* sempre senza apostrofo. Come elisione (di sillaba o di lettera) per *mo'/po'* (modo/poco) e imperativo di verbi (*va'*, *da'*, *fa'*, *di'*: imperativo verbi andare, dare, fare e dire – anche per distinguerli da alcune delle omonime preposizioni). Consentito solo per sigla con vocale iniziale: *l'ANICA*, *l'AIPSC*. Per date indicanti secolo/millennio ' e non ': *la disfatta dell'84* (e non *dell''84* – evita il duplice apostrofo consecutivo!), *morì nel '54*.

Note: solitamente di dimensioni minori rispetto al brano principale, a piè di pagina, con proprio rientro (es.: *0,4-0,5 cm*), a distanza da fine brano; richiedono il punto finale. Numerazione progressiva (ripartono in genere da 1 per ogni capitolo). Rimando numerico di nota in apice, non tra parentesi (dopo virgolette, trattini e parentesi e prima dei segni d'interpunzione). Inserisci dati bibliografici completi una sola volta, per opere citate in nota (abbreviazioni per i successivi); ordine degli elementi di citazione: *nome* (puntato), *cognome* (in maiuscoletto, ma per bibliografia ordine nome/cognome invertito) nonché (preceduti da virgole): titolo opera completo (in corsivo, con punto di separazione tra titolo ed eventuale sottotitolo), indicazione del prefattore (o curatore/traduttore, se presenti), numero del tomo/volume, editore, luogo di edizione e anno di pubblicazione, numero di pagina/e del testo citato. [*N.d.A.*], [*N.d.C.*] e [*N.d.T.*]: in parentesi quadra e in corsivo, sono la specifica di possibili note di autore, curatore o traduttore, da inserirsi a fine nota (esempio: I capitoli 6 e 7 sono tratti dal saggio "Opera mai scritta" di Melissa Ruspo (Ruspo 1974), indicata per brevità (Ru.) [*N.d.A.*]).

Norme grafiche: prima cosa da decidere è il formato del tuo libro (es. 12x17, oppure 14x21); gli altri elementi ad esso connessi sono margini, formattazione (tipo di font; interlinea; eventuali citazioni, note e/o rientro prima riga, pure in nota; titoli di capitolo, con i relativi livelli ecc.) e sillabazione (in Word è automatica! Puoi attivarla da "Layout di pagina". Il testo va a capo, ma senza il classico segno grafico che lo denota: -), con la dimensione del carattere (font) del testo principale. Elementi, unitamente a figure, grafici e tabelle, di cui solitamente dà disposizioni l'editore, fornendo spesso un file esempio per l'impaginazione, anch'essa importante.

Presentare la propria opera bene, magari in modo originale, può infatti stuzzicare ulteriormente la curiosità e l'interesse di un editore – sempre a patto che l'opera sia comunque valida! Giacché anche gli editori hanno le proprie esigenze, nel sottoporre loro i nostri libri, ricordiamoci sempre di attenerci alle loro disposizioni di massima, sia d'invio che d'impaginazione e rifiniture varie. Inoltre, libri non corretti o non impaginati ad arte impediscono il piacere di leggere.

Composizione delle prime pagine: schema delle pagine spettanti all'editore (*quartino iniziale*):

Pagina 1	generalmente vuota (bianca); se volume di collana, con specifiche di collana.
Pagina 2	generalmente bianca; ringraziamenti (in calce, 2-3 righe massimo – altrimenti a fine volume, in specifica pagina dispari prima dell'indice o da concordare con l'editore); se pubblicazione sostenuta da finanziamenti o sostegni, relative specifiche.

Pagina 3	Frontespizio (pagina di un libro con titolo e nome di autore e editore).
Pagina 4	Copyright, indirizzo editore, codice ISBN libro.

Schema delle pagine di composizione dell'autore:

Pagina 5	Indice (molti lo usano anche a fine libro). Con dedica o epigrafe, slittamento di una pagina. Se presenti entrambe, la dedica va prima dell'epigrafe (per ciascuna specifica pagina dispari, con verso bianco) e indice a pag. 9.
Pagina 6	vuota (bianca)
Pagina 7	possibili paratesti: presentazione, prefazione, premessa, avvertenza, introduzione – collocati in pagina dispari (la prima utile).

Copertina, immagini e testi di copertina: fornisci e mantieni le immagini con risoluzione minima di stampa di dpi 300, in formato TIF [modalità: per libri in B/N scala di grigio; per stampa *a colori* quadricromia (CMYK)]. Altre eventuali specifiche fornite dall'Editore (o concordate assieme).

Creazione di file PDF: per chi scrive lavora solitamente con editor di testi (Word o altri), è probabile che l'Editore richiederà anche il relativo file PDF (*Portable Document Format*). Per crearlo è utilissimo il software **Adobe Acrobat Distiller**, info dal sito Adobe (www.adobe.it).

SEGRETO n. 20: prima di presentare il proprio libro all'editore è consigliabile seguire e applicare qualche norma grafico-redazionale. L'impaginazione non ad arte di un'opera può diminuire il piacere di leggerla.

RIEPILOGO DEL CAPITOLO 4:

- SEGRETO n. 16: La tecnica più semplice per una prima revisione è rileggere il testo seguendo il continuum narrativo dell'intera opera.

- SEGRETO n. 17: Importanti nella fase di revisione sono la scelta del metodo, gli strumenti di lavoro e la pausa.

- SEGRETO n. 18: La funzionalità dei capitoli dipende sia da elementi strutturali della storia che da elementi linguistici e sintattico-morfologici.

- SEGRETO n. 19: La revisione del tuo libro è un lavoro di controllo e meditazione determinante, poiché il tuo primo lettore sarà proprio l'editore e, se hai sbagliato a scriverlo, diventa anche l'ultimo a leggerlo.

- SEGRETO n. 20: Prima di presentare il proprio libro all'Editore è consigliabile seguire e applicare qualche norma grafico-redazionale. L'impaginazione non ad arte di un'opera può diminuire il piacere di leggerla.

CAPITOLO 5:

Come trovare il proprio editore

Nel Capitolo 4 si parlava del penultimo sforzo. Questo è l'ultimo: il coraggio di proporsi veramente e affrontare il responso più temuto. Quello esterno, dell'editore. Prima d'inviare in visione le tue opere, valuta comunque una cosa: se la proposta di pubblicazione del tuo libro dovesse avere riscontro positivo finale presso un editore, sappi fin da subito che è sempre e comunque lui ad avere l'ultima parola, soprattutto se non ti richiede contributo di stampa e promozione.

Se non sei disposto a seguire i suoi eventuali suggerimenti o accettare le sue decisioni (grafiche, redazionali, strutturali, contenutistiche) per l'intero iter di editing, forse dovresti optare per il *self-publishing* (che spesso rimane l'ultima chance per gli esordienti) con cui l'autore mantiene davvero l'assoluta libertà (ma anche spesso in solitudine) e il pieno potere sulla propria opera. Prima di prendere questa decisione, occorre meditarci un po' su. Il rapporto autore/editore comporta al 95% la necessità di ricorrere a compromessi, senza i quali la pubblicazione potrebbe non avere più buon esito. La saggezza è sempre la strada migliore. Saggezza non significa essere sottomessi, e va oltre i compromessi. Agire con saggezza è capirsi, far valere le proprie ragioni attraverso confronto e dialogo ma anche accogliere le ragioni altrui, se si è consapevoli che esse aiutano a raggiungere i comuni obiettivi, senza ledere né la dignità né il ruolo personale.

Saper scegliere il formato editoriale

La scelta del formato in cui proporrai il tuo lavoro non è da sottovalutare. Informandoti presso gli editori scelti, eviterai duplici spedizioni, e forse anche qualche rifiuto. Puoi optare per il classico libro tradizionale su carta o il più innovativo e tecnologico ebook, oppure entrambi i formati (ormai uso sempre più comune). Gli addetti ai lavori confermano che questo è il momento di espansione dell'ebook, con nuovi e continui sviluppi di mercato.

Individuare l'editore ideale

Nella ricerca del tuo editore ideale, considera che non devi solo cercare un editore, ma trovare, anche e soprattutto, quello più adatto a te e alla tua opera. Certo, gli puoi proporre tutti i libri che vuoi, del genere che preferisci o che più ti appassiona e interessa, ma se la tua proposta rispecchia la richiesta del mercato del momento, così come se rientra anche nella sua linea editoriale, hai sicuramente più chance sia di trovare l'editore giusto sia di riscuotere un certo successo dai tuoi lettori.

Se il tuo libro presenta effettiva universalità di contenuti, sarà sempre ben accolto, sia dalla critica che dai lettori – e ancor prima, naturalmente, da un editore. Al di là delle tue personali motivazioni di scrittura (scrivi per istinto, per raccontare romanzi, racconti, per spiegare qualcosa oppure per annotare i tuoi pensieri), considera anche il target di fruizione. Chi leggerà il tuo libro?

Studenti, professionisti, casalinghe? Bambini o teenager? Appassionati di lettura o lettori incostanti? *E che tipo di target ha l'editore da te prescelto?* I contenuti devono interessare quanto più pubblico possibile, più o meno definito o mirato. Un *diario* di vita, o di viaggio potrebbe interessare una certa fetta di pubblico, ma dovrà essere molto motivante, o scritto da personaggi più che affermati (scrittori, musicisti, artisti, politici).

SEGRETO n. 21: aspirando alla pubblicazione di un libro, prima di individuare l'editore giusto bisogna scegliere il formato (digitale o cartaceo), il genere e il target cui è rivolto. Una sapiente analisi renderà la propria proposta collocabile nella sua linea editoriale.

Se scegli l'editore non adatto a pubblicare il tuo libro, rischi di bruciarti una possibilità unica! Specie se suscita effettivo interesse e consenso – puoi puntare in alto fin da subito, ossia ai grossi nomi editoriali, oppure provare a tappeto tutti quelli che ritieni più idonei a te e alla tua opera (per generi trattati, politica editoriale, visibilità). Nella valutazione dei punti forte di un editore considera anche i seguenti fattori:

- buona distribuzione (in libreria, su scala nazionale, o vende solo via internet?);
- planning di strategia promozionale (sui vari media e canali: stampa, tv, web, radio, eventi/iniziative);

- presenza a fiere del libro ed eventi similari;

- firme ormai affermate;

- collane editoriali anche specializzate.

Un editore serio riconosce all'autore una percentuale sin dalla prima copia venduta, quindi è importante che tale clausola si evinca già nella proposta contrattuale. Questo principio è il giusto riconoscimento che va all'autore per lo sfruttamento commerciale dell'opera di suo ingegno e della condivisione del ricavo con l'editore per aver creduto e investito imprenditorialmente.

SEGRETO n. 22: i fattori importanti nella scelta dell'editore sono *buona distribuzione, promozione* e giusto riconoscimento all'autore per lo sfruttamento commerciale della sua opera (*copyright, diritti d'autore*).

Tramite le informazioni da te reperite sull'editore di tuo interesse, potrai valutarla ancor meglio. Con anno di fondazione e novità in catalogo verifichi, per esempio, la stabilità; visitando il suo sito web puoi valutarne direttamente sia efficienza, dinamicità, semplicità di consultazione ed efficacia sia reperibilità di catalogo online.

N.B. Volendo, esiste perfino un catalogo degli editori! Lo trovi su www.internetbookshop.it (Il *Catalogo degli Editori*, Editrice Bibliografica); disporrai così di numerosi dati e informazioni (recapiti e indirizzo, siti internet, settori/generi trattati, team, distributore ecc.). Oppure puoi usare direttamente il sito http://www.ibs.it per individuare l'editore per tipologia di opere pubblicate e tramite Google (il motore di ricerca più visitato del mondo) trovare i contatti dell'editore (sito ufficiale, email, recapiti telefonici, catalogo ecc.)

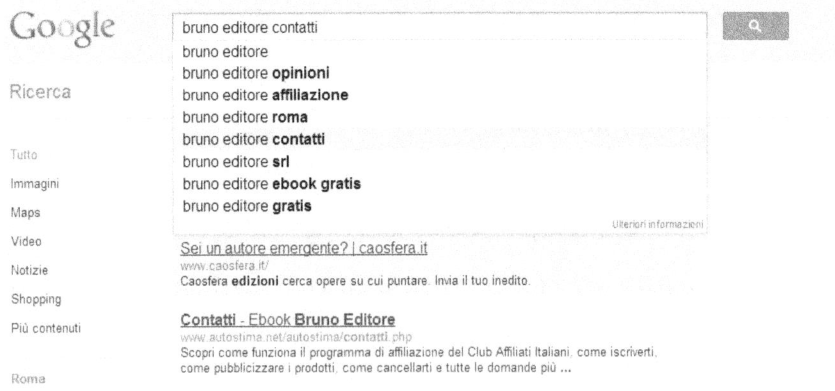

Figura 06 - Schermata di ricerca su Google

Come (pro)porsi e presentare al meglio il proprio libro

Editore famoso, editore di nicchia ma mediamente forte o piccolo editore, ma più attento e sollecito con i nuovi autori, proprio perché deve crescere, e vuole farlo assieme ai suoi autori, trattati come uomini, e non come macchine. O galline dalle uova d'oro? Quale che sia la tua scelta finale, chiediti prima: che tipo di autore sono?

Vuoi solo vedere stampato il tuo libro, o vuoi vederlo concretamente in libreria, possibilmente in tutta Italia nonché all'estero? Puoi decidere di affidarti (alla cieca) al primo editore interessato, magari sull'onda dell'emozione e dell'entusiasmo per un sì, oppure puoi sviluppare consapevolezza e autorialità, e farne utili strumenti per la tua carriera di autore e di scrittore.

Perciò, prima di contattare direttamente un editore, fermati di nuovo a valutare le tue motivazioni di pubblicazione: giacché anch'esse hanno un peso, e ti porteranno verso un editore piuttosto che verso un altro. Chiediti quindi: «Perché voglio pubblicare?» Alcune delle possibili risposte possono essere «per guadagnare» «per vedere il mio libro in vendita con sopra il mio nome e cognome» «per gratificazione personale» «per ampliare, impreziosire e arricchire il mio curriculum». Pazienza se si guadagna poco, all'inizio! Di altre troverai tu stessa/o riscontro, fuori e dentro di te.

Con l'invio dei tuoi scritti, l'editore si aspetta anche di sapere chi sei, e che cosa fai. Una *lettera d'accompagnamento* che ti presenti è consigliabile, così come il tuo *curriculum vitae*. Potrà conoscerti meglio, e valutare perciò meglio anche la tua proposta, sempre nel suo complesso. Solitamente è richiesta anche una *sinossi* delle opere inviate, ossia una breve descrizione del libro. È con essa che puoi mettere in evidenza i punti forti della tua opera! Un esempio di scheda di presentazione (estremamente sintetica ma valida, di una sola pagina):

Scheda di Presentazione
Indice del libro proposto (in bozza - non definitivo)
Sinossi del libro proposto (*riassunto/recensione*)
Quarta di Copertina ipotizzabile (in bozza - non definitiva)
Biografia (anch'essa breve)

Figura 07 - Schema con documenti per la proposta editoriale

SEGRETO n. 23: sapersi presentare al meglio all'editore è la carta vincente. Prepara una lettera di presentazione, allegando una sinossi e magari i primi capitoli dell'opera, nonché le tue note biografiche.

Altri suggerimenti e consigli

Non è facile, per gli autori, entrare nel mondo editoriale e districarsi facilmente nei suoi meandri, spesso ambigui e poco seri. Di seguito, alcune note per evitare brutte sorprese e forti delusioni.

Serietà, professionalità e servizio di qualità di un editore
Se tieni conto dei punti sottostanti, verificarli non sarà complesso. Ad ogni modo, nel valutare le varie proposte che puoi ricevere, non lasciarti attrarre da possibili anticipi previsti dal contratto di edizione (insoliti, specie per gli esordienti). Punta invece sulla *distribuzione*, ossia la presenza di quell'editore sul territorio, e perciò anche la sua visibilità nonché fetta attiva di mercato:

- iscrizione alla Camera di Commercio (verificare anche *da quanto*: gli editori aprono e chiudono nel giro di pochi mesi, perciò gli autori poi non sanno più a chi rivolgersi!);

- presenza del marchio e dell'attività sul mercato (importanti anche i precedenti professionali: esperienza in settori affini e similari);

- diffidare dall'editore che richiede un contributo (spese stampa e/o promozione o acquisto di copie personali): il vero editore non è un semplice stampatore! Egli investe, e se lo fa si attiva con un business-planning preciso, come per qualsiasi attività commerciale. Con promesse di diffusione nazionale e spedizione di un certo numero di copie alle librerie, richiedi l'elenco completo di tali librerie;

- se possibile, visiona direttamente suoi libri-campione; puoi così constatare sia la qualità di stampa che, per esempio, la presenza del bollino SIAE e del codice ISBN (che inoltre inserisce i libri nel circuito dell'editoria di tutto il mondo, essendo l'ISBN adottato da 82 nazioni). Se l'opera ha, effettivamente, tale codice (che non è obbligatorio e va richiesto appositamente), sarà anche inserita automaticamente nel "Giornale della libreria". Per ulteriore riprova, chiedi conferma all'editore. Richiedi inoltre un suo catalogo completo: assodi così da quanto tempo è attivo e quali altri autori ha pubblicato;

- se ne hai occasione e possibilità, fai visionare il tuo contratto di edizione a un avvocato (meglio ancora se esperto di diritto d'autore). Valuterete assieme tutti i dettagli e le varie clausole, stabilendo così le tue priorità come autore/scrittore;

- il rapporto autore/editore prevede anche una certa collaborazione, specie nella fase di revisione dell'opera: consigli e suggerimenti sempre ben accetti, ma non se si richiedono modifiche drastiche e sostanziali, che cancellano tutto l'ingegno e l'autorialità dell'autore, facendo perciò perdere all'opera i suoi tratti più caratteristici e caratterizzanti.

La soluzione ottimale sarebbe, ovviamente, il contatto diretto con autori che abbiano già pubblicato con quell'editore, per sapere da loro come si sono trovati (è stata una bella esperienza? Il libro, ben confezionato, era/è effettivamente in libreria, su scala nazionale? Hanno avuto problemi di rendicontazione o pagamento delle royalty loro dovute? Il libro ha avuto adeguata promozione?)

Due note sulla diffusione (nazionale)

Il libro e la fase di editing hanno di certo il loro fascino, ma anche quella della diffusione ha la sua rilevanza, spesso surclassata dall'oggetto libro (cartaceo o elettronico che sia). Vediamo allora, per vivere veramente la pratica di scrivere un libro dall'alfa all'omega, i passaggi chiave della diffusione.

Prima dell'uscita del libro:

- l'editore manda al distributore una copia della copertina più una breve descrizione dell'opera;

- il distributore fa la sua valutazione (il libro è vendibile? Può esserlo? Con *poesie* e *romanzi* è quasi sempre più difficile); se ritiene il libro vendibile, manda fotocopie della descrizione a varie librerie, in tutta Italia (se è un *buon distributore*, è presente su scala nazionale);

- se il libro interessa (*dal punto di vista commerciale*), le librerie ne prenoteranno un numero di copie. Ricorda: ciò accade solo per libri con effettive probabilità di essere venduti.

All'uscita del libro:

- il distributore lo inserisce nel proprio catalogo, inviato poi di mese in mese alle librerie.

Da questo passaggio chiave *(autore > editore > distributore >*

libreria) emergono gli altri strumenti atti a verificare la forza di mercato di un editore, nonché la sua serietà e professionalità. Tutti i libri editi da editori seri (non il mero stampatore!), compresi quelli non proposti dal distributore alle sue librerie, sono difatti elencati nel *Giornale della Libreria*, consultabile online da tutti gli addetti del settore (www.giornaledellalibreria.it) oltre che nel *Catalogo dei libri in commercio*, che esce aggiornato tutti gli anni e si può consultare sia in libreria che in molte biblioteche. L'editore, inoltre, provvede a inserire i propri libri anche sulle librerie online; di seguito in elenco le più conosciute.

Indirizzo internet	Denominazione
www.ibs.it	Internet Book Shop
www.webster.it	Webster
www.bol.it	Bol
www.ultimabooks.it	Ultima Books
www.hoepli.it	Hoepli - La Grande Libreria Online
www.amazon.it	Amazon
www.deastore.com	Dea Store
www.lafeltrinelli.it	Libreria Feltrinelli Online

www.ilgiardinodeilibr i.it	Il Giardino dei Libri online
www.libreriauniversit aria.it	Libreria Universitaria online

Figura 08 - Scheda con le principali librerie online

SEGRETO n. 24: grazie ai mediastore di libri online è possibile fare una ricerca mirata dei vari editori secondo collane e opere attinenti al proprio genere di proposta editoriale.

Self-publishing: la soluzione alternativa

Deciso il tuo formato editoriale, sappi che un'altra soluzione (spesso l'ultima) molto apprezzata oggi, oltre alla pubblicazione presso un editore, è anche il *self-publishing*, ossia l'auto-pubblicazione. Proposta molto ampia in rete, basta andare su un motore di ricerca (es. Google). Anche qui valuti il tuo formato di stampa: libro cartaceo, con vari servizi online di *print on demand*, o libro digitale, con diversi servizi di *kindle direct publishing*, metodo di auto-pubblicazione semplificato.

Indipendentemente dal formato prescelto, l'editoria *fai da te* permette di confezionare il proprio libro secondo le proprie esigenze e i propri gusti, e affidarlo poi a quei siti che ne offrono la vendita online, davvero molto pratici e sicuri anche per la metodologia di pagamento e di rendiconto vendite. Il costo ovviamente varia al variare di tutte le sue specifiche: copie, numero di pagine, formato nonché copertina, rilegatura e tipo di carta prescelti, con riferimento alle opere di carta. In media, tra i 6 e gli 8 euro, per un libro di qualità discreta di circa 150/160 pagine. Interessanti anche le royalty sul prezzo di copertina, che si aggirano fra il 30-35% e il 70% (quest'ultima non ovunque, spesso vincolata a determinate condizioni).

SEGRETO n. 25: considera il *self-publishing* quale ultima strada da perseguire: con la fortuna non si sa mai, dopo tante porte chiuse dal cielo potrebbe spalancarsi un portale come quello del web.

RIEPILOGO DEL CAPITOLO 5:

- SEGRETO n. 21: Prima di individuare l'editore giusto del tuo libro, bisogna scegliere il formato (digitale o cartaceo), il genere e il target cui è rivolto. Una sapiente analisi renderà la propria proposta collocabile nella sua linea editoriale.

- SEGRETO n. 22: I fattori importanti nella scelta dell'editore sono *buona distribuzione, promozione* e giusto riconoscimento all'Autore per lo sfruttamento commerciale della sua opera (*copyright, diritti d'autore*).

- SEGRETO n. 23: Sapersi presentare al meglio all'editore è la carta vincente. Prepara una lettera di presentazione, allegando una sinossi e magari i primi capitoli dell'opera, nonché le tue note biografiche.

- SEGRETO n. 24: Grazie ai mediastore di libri online è possibile fare una ricerca mirata dei vari editori secondo collane e opere attinenti al proprio genere di proposta editoriale.

- SEGRETO n. 25: Considera il *self-publishing* quale ultima strada da perseguire: con la fortuna non si sa mai, dopo tante porte chiuse dal cielo potrebbe spalancarsi un portale come quello del web.

Conclusione

Scrivere un libro non è facile, ma con questo corso lo può diventare un po' di più. Una cosa va ricordata: scrivere non basta, e neanche avere un metodo, o conoscere molteplici tecniche, tradizionali o innovative che siano. *Siamo parte di ciò che scriviamo.* Anche i libri possono, in un certo senso, avere un'anima. L'anima di un libro è il tuo mondo interiore, la tua esperienza pratica e concreta, ma anche i tuoi sogni, le tue stanze più segrete. *L'emozione è forse una delle cose che l'umanità non smetterà mai di cercare.*

Può essere un'emozione forte come il rombo di una montagna che frana, o leggera e delicata come il respiro di un fiore. Qualunque cosa tu voglia scrivere, qualsiasi messaggio tu voglia lasciare, scrivendo ti accorgerai che il primo segreto per scrivere un libro è proprio questo: suscitare l'interesse del lettore, che comunque merita tutto il tuo rispetto. Non perché stai dicendo cose forti e insostituibili, ma perché lo stai emozionando tu in quel momento. Scrittura è parola, e la parola è forza, potere, magnetismo. *Come scrivere un libro* è anche come emozionare i miei lettori, e come emozionarmi io stessa. *Leggendo e scrivendo. Come scrivere un libro* è, altresì, come riscoprire la gioia e l'importanza della lettura.

Scrivere e leggere sono due gesti inscindibili: oltre che essere azioni della mente lo sono del cuore, dell'animo di ciascuno di noi. Come scrivere un libro, sì, nonché come trovare l'idea giusta, e il giusto modo di renderla, di farne una storia. Di trama, di personaggi, di luoghi. Di tempo e di azioni, di atmosfere e di emozioni. Con stile. *Il tuo*! Quello che scoprirai e risveglierai giusto per te, perché solo a te calza così, a pennello. *Come scrivere un libro*: come pubblicare, e ricercare il tuo editore. Anche qui, con il massimo impegno, per il massimo dei risultati.

Scoprirai nel tempo che la scrittura è un po' come un fiore di loto, che sbocciando emana i suoi colori e profumi, ma anche la poesia dell'istante e finanche il silenzio nell'armonia del tutto e nell'attimo univoco.

www.ingramcontent.com/pod-product-compliance
Lightning Source LLC
LaVergne TN
LVHW020343200726
843507LV00012B/2470